"运动即良药"系列

足 球

编著
柳志刚　董众鸣

科学出版社
北京

内容简介

本书介绍了足球运动的特点与作用、起源与发展，分析了足球基本技、战术，普及了足球竞赛规则和小型足球的基本内容，还简述了足球运动的健康防护措施，主动适应社会对足球运动开展的需求。

本书为广大足球运动爱好者、初级教练员、运动员，以及开展基层足球运动的从业者，提供了进一步了解足球基本理论知识、基本技能的参考。

图书在版编目（CIP）数据

足球 / 柳志刚，董众鸣编著 . —北京：科学出版社，2019.7

（"运动即良药"系列）

ISBN 978-7-03-061834-4

Ⅰ. ①足… Ⅱ. ①柳… ②董… Ⅲ. ①足球运动－基本知识 Ⅳ. ① G843

中国版本图书馆 CIP 数据核字（2019）第 141247 号

责任编辑：朱 灵 / 责任校对：谭宏宇

责任印制：黄晓鸣 / 封面设计：殷 靓

科学出版社 出版

北京东黄城根北街 16 号

邮政编码：100717

http://www.sciencep.com

苏州越洋印刷有限公司印刷

科学出版社发行 各地新华书店经销

*

2019 年 7 月第 一 版 开本：B5（720×1000）

2019 年 7 月第一次印刷 印张：7 3/4

字数：131 000

定价：32.00 元

（如有印装质量问题，我社负责调换）

“运动即良药”系列编委会

加强体育锻炼，惠及健康生活

（代序）

进入21世纪以来，人们日益关注的健康问题已经上升为国家战略。2016年10月25日，中共中央、国务院发布了《"健康中国2030"规划纲要》（以下简称《纲要》），这是之后15年推进健康中国建设的行动纲领，要求把健康融入所有政策，全方位、全周期保障人民健康，大幅提高健康水平。在《纲要》中，共34次提到"体育"这一关键词，这是因为体育运动与健康有着息息相关的内在联系。

"生命在于运动"，运动既是一门科学，也是一门艺术，更是一种健康的生活习惯，但并不是每一项运动都适合所有人，不同人群适宜的运动强度、运动时间也有所差异，不适宜的运动、运动不足或过度运动都有可能对健康造成损害。那么，究竟什么运动才适合自己？生了病也可以参加运动吗？

我们常说，"良药苦口利于病"，但并不是所有的疾病都只能咽下这苦不堪言的"良药"才能治愈，也不是咽下这口苦药就能药到病除。其实科学的运动处方也是一剂"良药"，而且还是一剂不用尝"苦"却具有显著效果的"良药"。那么，这"药方"该怎么开？我们自己能开吗？到底如何利用运动这剂"良药"来达到促进健康的目的呢？

要解决这些问题，当务之急是找到"合适的运动素材"，具体来说有两点：一是所选的项目和运动器材适合自己的年龄段；二是所选的运动对防治自己年龄段常见疾病有针对性和防治效果。

目前市面上有关体育锻炼的书籍虽然不少，但真正能够提供"合适的运动素材"的书籍仍比较缺乏。上海体育学院拥有许多具有较高科研水平和丰富教学经验的专家，他们均长期从事运动促进健康方面的研究，经验丰富，硕果累累。此次，学院专家们与科学出版社共同打造了这套“运动即良药”系列。

在编写过程中，我们不断摸索、调整，为青少年学生、中青年白领、老年人等不同人群分别设计运动方案，也介绍了羽毛球、游泳、广场舞等人们可普遍参与的专项运动；在努力形成统一风格以便读者阅读的同时，也尝试使用新的可视技术为读者提供更加直观的指导。

我们希望通过这套图书，能够更好地发挥运动的功能，为广大读者打开一扇通往健康生活的阳光之门。由于多种因素的制约，本套图书可能还存在有待改进之处，我们希望能够得到大家的鼓励和有益的评论，也欢迎广大读者实践后向我们反馈意见和建议，帮助我们把此项工作做得更好。

陈佩杰

2016 年 10 月

前　言

足球是世界上最受人们喜爱、开展最广泛、影响力最大的体育运动项目之一，有“世界第一运动”的美誉。足球运动是两个队在同一场地相互进行攻守对抗的体育活动，集智慧、勇气及全面身体素质于一身，融技术、体能于一体，战术变化多端，富有魅力而风靡全球。

随着我国社会和经济的发展，体育运动水平在不断提高，同时也赋予了足球运动新的活力。当今，足球运动已成为人们生活中不可缺少的部分，人们关注足球、喜爱足球，更多的人参与其中，体会足球的乐趣。本书从足球运动概述、足球运动的发展、足球技术、足球战术、足球竞赛规则、小型足球概述及足球运动的健康防护等方面，指导人们如何在日常生活中开展足球运动，内容丰富、图文并茂，具有科学性、专业性、知识性、实用性，既可作为广大足球爱好者的指南，又可成为足球教练员、运动员的参考书。

本书由上海体育学院足球教研室柳志刚副教授和董众鸣教授共同编写。在编写过程中，得到上海体育学院新闻传播与外语学院薛岩老师的大力支持，在此表示衷心感谢。由于时间、水平的限制，书中可能有不妥之处，欢迎读者批评指正。

主　编

2018 年 5 月

目　录

第一章
足球运动概述

足球运动是以脚支配球为主，两个队在同一场地内互相进行攻守的体育运动项目。它是世界上最受人们喜爱、开展最广泛、影响力最大的体育运动项目之一，被誉为“世界第一运动”，有些国家甚至将足球作为“国球”。一场精彩的足球比赛，能吸引成千上万到现场观看的观众，以及数以亿计的电视观众；有关足球运动的报道，占据着全世界各种报刊的版面，也成为电视节目中的重要内容，当今足球运动已成为人们生活中不可缺少的部分。

足球运动有如此大的魅力，主要在于足球运动丰富的内涵，并与足球运动的特点和作用有关。

足球运动的特点

一、整体性

标准的 11 人制足球比赛中每队有 11 人上场参赛。场上的 11 个人思想要统一、行动要一致，攻则全动、守则全防，要具有较强的整体参战意识，也只有形成整体的攻守阵型，才能取得比赛的主动权，获得更好的比赛结果。

二、对抗性

足球运动是一项竞争激烈的对抗性运动，比赛中双方为争夺控球权，以将球攻进对方球门而又不让球进入本方球门为目的，展开对抗，尤其是在两个罚球区附近，时间、空间的争夺更是异常激烈，扣人心弦。一场高水平的比赛，双方因争夺和冲撞而倒地的次数可达 200 次以上，可见对抗的激烈程度。

三、多变性

足球运动是一项技术多种多样、战术变幻莫测、结局难以捉摸的非周期性运动。一方在比赛中运用技战术时会受到另一方的直接干扰、限制和抵抗。技战术是要在比赛中依据具体情况，灵活机动地加以运用和发挥的。

四、艰苦性

在足球比赛中，运动员要在近 8000 平方米的场上奔跑 90 分钟，跑动距离少则 6000 米，多则 10000 米以上，而且还要同时完成上百个有球或无球的技术动作。平局时，为决定出胜负要加时 30 分钟，如仍平局，还需以点球决定胜负，因此运动员的能量消耗是很大的。一名运动员在一场激烈的比赛后体重可下降 2 ～ 5 千克。

五、易行性

足球竞赛的规则比较简练、明了，对场地和器材设备的要求也不高。一般来说，足球的比赛时间、参赛人数、场地和器材均不受严格限制，因此成为一项十分易于开展的群众性的体育运动。

足球运动的作用

一、有助于形成良好的心理品质及思想品行

经常进行足球运动，对自身良好性格的形成能产生巨大的影响。足球运动可以培养人的意志力、自制力和责任感，培养出勇敢顽强、机智果断、坚韧不拔、勇于克服困难的心理品质，以及团结协作、遵守纪律等思想品行。

二、有助于增强体质、促进健康

足球运动是锻炼体魄和健全身心的良好手段，是全民健身活动中行之有效的一种运动。经常进行足球运动，可以提高力量、速度、灵敏度、耐力、柔韧等身体素质，并能使人体的高级神经活动得到改善，尤其是能增强心血管系统、呼吸系统等功能，从而促进人体健康。据测定，一名优秀足球运动员的肺活量比普通人多 2000 ~ 3500 毫升，安静时的心率比普通人低 15 ~ 22 次 / 分。

三、有助于精神文明建设

如今，踢足球、看足球、侃足球已成为国民生活的一部分。人们从踢足球中得到情绪体验，从看足球中得到艺术享受，从侃足球中得到思想交流，足球运动丰富了人们的业余文化活动，提高了人们的生活质量。足球运动已成为社会政治、经济、文化、生活的重要组成部分，吸引着千千万万的市民，它反映了一座城市的精神面貌，是城市形象的标志之一，也是精神文明建设的载体。

四、有助于振奋民族精神

在重大的国际足球比赛中获得胜利，能激发人们团结拼搏、进取向上的精神和爱国主义热情。例如，1981 年 1 月，中国队获得第十二届世界杯亚太区预选赛小组冠军时；1987 年 10 月，中国队获得进军汉城奥运会的权利时；中国队获得 2002 年韩日世界杯参赛权时，举国上下都是一片欢腾景象，振奋了民族精神。

五、有助于人际交往与国际交往

随着全民健身运动的推进，各种各样的足球赛事频繁，比赛可以促进社会交往、协调人际关系，形成一个单位或社会的凝聚力，有利于创造一个安定团结、民主和谐、健康文明、生动活泼的社会环境。在国际上，足球运动已成为国家间政治、经济、文化交流的一种重要工具。它可以加强各国人民的相互了解，扩大文化交流，增进友好情谊，促进世界和平，为争取良好的国际环境起到作用。所以现代足球运动的作用和影响，已远远超出了足球运动本身。

六、促进经济发展，创造社会财富

足球运动有着一大批狂热爱好者，广阔的市场空间为商家提供了机会。从球票、球场广告、电视广告、电视转播权，到球衫、球帽、球具，再到球赛现场的喇叭、小哨等加油工具，以及众多深为球迷喜爱的球队和球员的照片、广告画、挂历等，凡是能够用于球场内外、表现球迷们情感的产品都是球迷所需要的。这些产品在市场上走俏，不仅活跃了市场，增加了国家的财政税收，也促进了足球运动的发展。例如，欧洲和南美洲多数国家的足球协会，通过职业足球活动赚取的收入，不仅可以保证这些国家发展足球事业的需要，还会向国家缴纳可观的税金。2014 年，国务院下发了《关于加快发展体育产业促进体育消费的若干意见》，将足球产业作为体育产业的重要部分加以发展。

足球联合会简介

一、国际足球联合会（FIFA）

由于欧洲许多国家已成立足球协会，国际间比赛增多，迫切需要成立一个世界性的足球组织。1904 年 5 月 1 日，比利时队与法国队在布鲁塞尔比赛之后，两国球队的秘书——路易斯·米林霍斯（Louis Muhlinghaus）和罗伯特·格林（Robert Guerin）讨论了在欧洲大陆成立国际足球组织的问题。1904 年 5 月 21 日，罗伯特·格林在法国巴黎主持召开欧洲各国足球协会代表会议，由法国、比利时、丹麦、荷兰、西班牙、瑞典、瑞士等七个国家共同创立了国际足球联合会（Fédération Internationale de Football Association，FIFA）（以下简称“国际足联”）。

国际足联的宗旨是促进国际足球运动的发展，发展各国足球协会之间的友好联系。国际足联下设 15 个专门委员会：国际足联青年比赛委员会、财务委员会、世界杯组织委员会、联合会杯委员会、裁判委员会、技术委员会、运动医务委员会、媒体委员会、礼仪委员会、法律事务委员会、奥运会足球赛组织委员会、室内足球委员会、女子足球委员会、运动员身份委员会、安全与公正竞赛委员会。

二、亚洲足球联合会（AFC）

亚洲足球运动的国际交往是从 1913 年 2 月开始的。当时有一支中国学生队参加在马尼拉举行的远东运动会，并与菲律宾国家队进行了比赛。此后，国际交往日益增多，1936 年中国和日本曾派队参加柏林奥运会；1948 年亚洲又有 4 支球队参加伦敦奥运会，虽然成绩不理想，但这成为亚洲足球运动水平迅速发展的标志。为了适应足球运动国际发展的需要，更好地推动亚洲足球运动的发展，在 1952 年赫尔辛基奥运会期间，亚洲国家的几位官员相互商讨组织亚洲足球联合会（Asian Football Confederation，AFC）（以下简称“亚洲足联”）的可能性。1954 年，在马尼拉举行的第二届亚洲运动会上，阿富汗、缅甸、中国台北、中国香港、印度、印度尼西亚、日本、韩国、巴基斯坦、菲律宾、新加坡、越南等 12 个国家和地区的协会代表在菲律宾的约翰 · 克列兰德（John Cleland）的努力下举行了三次碰头会议，于 1954 年 5 月 8 日正式成立了亚洲足联。

亚洲足联的宗旨是促进亚洲足球运动的发展；增进亚洲足球界各国间的友谊；按国际足联的规定、规则，组织亚洲地区的足球比赛。亚洲足联负责的主要比赛有：亚洲杯足球赛、亚洲青年锦标赛、亚运会足球赛、亚洲俱乐部冠军杯赛、亚洲女子足球锦标赛等。除此之外，亚洲足联还协助国际足联举行世界杯、奥运会等国际足联主办的世界性足球比赛。

三、中国足球协会 (CFA)

为了加快我国足球运动的发展，更好地参与国际足球活动，国家体育运动委员会于 1954 年 12 月报请国务院批准，1955 年 1 月 3 日中国足球协会（Chinese Football Association，CFA）（以下简称“中国足协”）正式成立。

中国足协的宗旨是遵守国际足联及亚洲足联章程；团结全国足球工作者，广泛开展足球运动，为增强人民体质、丰富群众的业余文化生活、提高足球水平和加强精神文明建设服务；积极组织并加强各会员协会、会员俱乐部之间的联系与交流，为完善中国足球体制、提高各级足球俱乐部水平而努力；积极参加国际足联和亚洲足联的正式比赛，促进国际交流，增进与各个国家和地区的足球协会、俱乐部和运动员之间的友谊。

中国足协根据国家的体育方针和政策、根据国际足联的章程和有关的规定，统一组织、指导全国足球运动的发展，推动普及和提高足球运动的技能，并通过开展必要的经营活动，为本项目的发展筹集或积累资金。

国际性大赛简介

一、世界杯男子足球比赛

从 1900 年开始，奥林匹克运动会上就有足球比赛，但因国际奥委会规定只能业余队员参加，各国的职业足球运动员无法进入国家队，使得奥运会的足球比赛水平不能代表世界最高水平。为此，1928 年，国际足联在荷兰首都阿姆斯特丹举行会议，决定每四年举行一届世界足球锦标赛。参赛队员不受职业或非职业选手的限制，各国都能组成本国最高水平的球队参赛。最初这一比赛叫做世界足球锦标赛，1956 年改名为“朱尔 · 里梅杯”，后简称里梅杯或世界杯足球赛。

1928 年国际足联决定举行世界杯足球锦标赛后，还设专门的流动奖杯——“里梅杯”即“雷米特杯”，也叫“金女神杯”，颁给获得冠军的球队。同时还规定三次获得冠军的国家可以永久地拥有这座奖杯。1970 年，巴西队成为首个三次获得冠军的球队并永久地拥有了“金女神杯”。

1970 年，国际足联重新制作了新的奖杯，称为“大力神杯”，并规定奖杯永久性流动。

二、奥运会足球比赛

从 1896 年第一届现代奥运会举办以来，奥运会足球比赛每四年一届。除 1916 年、1940 年、1944 年因两次世界大战未举行奥运会外，只有 1932 年洛杉矶奥运会上没有足球比赛项目。

在前三届比赛中，对参赛球队没有统一的规定，直到第四届比赛时，才规定参赛的是国家队，属于表演性质的比赛。足球比赛正式被列为奥运会的比赛项目是在1912年的第五届奥运会中。1930年由于允许职业选手参加世界杯足球赛，奥运会足球赛的地位便让位于世界杯足球赛。从1956年第16届墨尔本奥运会开始，由于参加比赛的队数猛增，不得不先进行地区外围赛。1996年第26届奥运会，女子足球比赛首次成为奥运会正式比赛项目，参加决赛阶段比赛的有8支队伍。

从足球正式列入奥运会比赛项目后，运动员的参赛资格几经变化。最早规定，参加奥运会比赛的运动员必须是业余选手。1960年第17届奥运会时，国际奥委会规定，凡参加过世界杯比赛的足球队员不得参加奥运会足球比赛；1972年第20届奥运会时，国际奥委会决定停止执行关于参加过世界杯比赛的队员不得参加奥运会足球比赛的规定；1978年，国际足联代表大会规定，欧洲和南美洲参加过世界杯足球比赛（包括预选赛和决赛）的足球运动员不得参加奥运会；1983年国际奥委会和国际足联主席会议再次重申，禁止所有职业队员或虽不是职业队员但参加了世界杯足球赛的队员参加1984年第23届奥运会足球比赛；1984年4月，国际足联主席阿维兰热宣布，除不准欧洲和南美洲参加过世界杯足球比赛的队员参加奥运会外，今后不再区分职业和业余队员，但奥运会足球比赛将对参赛队员的年龄加以限制。1993年国际足联执委会决定，允许每支参加奥运会足球决赛的队有3名年龄超过23岁的队员。这一规定标志着奥运会足球比赛将成为年轻职业选手的竞技舞台、检阅各国足球后备实力的演兵场。

三、世界青年足球锦标赛

1977年，国际足联决定每两年举办一届世界青年足球锦标赛。最开始两届为试办性质，因得到美国可口可乐公司的赞助，又叫国际足联可口可乐世界青年锦标赛，奖杯称为国际足联可口可乐杯。1981年，在澳大利亚举办的第三届世界青年足球赛得到国际足联的正式承认，被命名为“国际足联世界青年锦标赛可口可乐杯”。因此，第三届世界青年足球赛又称为第一届世界青年足球锦标赛，队员年龄必须在20岁以下，各大洲的青年足球锦标赛即为该赛的预选赛。

四、世界少年足球锦标赛

为了进一步推动世界足球运动的发展，缩小各国足球运动水平的差距，国际足联于 1985 年在中国试举办了世界少年足球锦标赛，比赛获得圆满成功。后又经过 1987 年和 1989 年两届的进一步试行，1991 年正式成为国际足联世界少年足球锦标赛。目前该比赛的全称是“世界少年足球锦标赛”，此后每两年举行一次。

五、室内足球比赛

室内足球起源于北欧斯堪的纳维亚半岛，足球运动员在冬季无法在室外进行活动，就在室内的篮球场和手球场上进行活动。20 世纪 70 年代初，美国、加拿大兴起职业足球，但他们先开展的是室内足球。1975 年 1 月，北美职业足球联盟组织了首届全国室内足球联赛；1978 年美国室内足球协会成立。最初室内足球比赛的规则混乱，有的套用冰球规则，有的套用篮球规则。为了规范世界室内足球比赛规则，室内足球国际联合会于 1981 年宣告成立，总部设在澳大利亚。该组织于 1982 年、1987 年举行了两届世界室内足球锦标赛。室内足球国际联合会于 1988 年宣布加入国际足联。

为了推动室内足球运动的开展，国际足联于 1989 年在荷兰举行了首届 5 人制室内足球赛，此后每四年一届比赛。

六、世界女子足球锦标赛

在国际足联倡导下，1988 年 6 月在中国广东成功地举办了由 12 个国家参加的国际女子足球邀请赛，为世界女子足球锦标赛的正式举行奠定了基础。1991 年，第一届世界女子足球锦标赛在中国广东举行，该项比赛同男子世界足球锦标赛一样，每四年举行一届。

第二章
足球运动的发展

古代足球

一、起源

中国古代足球起源的时间推断不一，但是古代足球起源于中国是世界公认的。就目前史料查证，在战国时代（公元前 475 ～公元前 221 年），《战国策 · 齐策》上记载着苏秦到齐国游说时对齐宣王说：“临淄甚富而实，其民无不吹竽、鼓瑟、弹琴、击筑、斗鸡、走犬、六博、蹋鞠者。”“蹋”是用脚踢的意思，“鞠”则指球。

二、发展

汉代足球游戏由战国时的娱乐活动演变成为军事训练的一种手段，增加了竞赛性和军事性。东汉史学家班固在其编写的《汉书 · 艺文志》中，把汉代的足球专业书《蹴鞠二十五篇》列入“兵家技巧类”。汉代的鞠一种是用一片皮革缝制，中间填充一些毛发之类东西的实心球。一种是用“毛纠结为之”的球。

唐宋时期（618 ～ 1279 年），节日里进行蹴鞠娱乐不仅流行于民间，也流行于宫廷。由于我国唐朝的版图极大，统治者特别重视骑兵部队。为了提高骑兵部队的军事素质，大力提倡马球，将足球从军事训练中排挤出来成为一种娱乐活动。球门也由汉代的双方各有几个球门逐渐变成各有一个或双方共用一个球门进行比赛。

元代（1271 ～ 1368 年）开展了男女对踢球的游戏活动。足球纹铜镜的正面是光亮的照影镜面，背面就铸有元代男女对踢足球的装饰。这既是足球的一种发展也是对封建礼教的冲击，足球被社会上一些人看作浪荡公子的娱乐活动。朱元璋建立明朝之后，于洪武二十二年下了一道圣旨，规定："在京的军官，但有军人学唱的割了舌头，下棋打双陆的断手，蹴圆（踢球）的卸脚。"由于当时兴起"重文轻武、立静恶动"之风，朝廷宴会上取消了足球的表演，民间的足球活动也越来越少，直至清代时期我国古代足球游戏绝迹。

现代足球运动的起源

一、起源

据史料记载，在中世纪英国便有了类似今天的足球活动，当时的足球比赛在城市的街道上进行，对参加人数、犯规等无规则限制。由于参加人数众多且无组织，比赛时场面混乱不堪，嘈杂声巨大，而且在比赛中往往使沿街的一些店铺和居民的财物受到损害，因此被视为"暴民足球"。为此，英国国王爱德华二世在 1314 年下令，凡踢足球的人都要被判刑入狱，爱德华三世在 1331 年也颁布过相似的法令禁止踢足球。此后，英国国王理查二世、亨利四世、亨利五世、亨利八世也都曾颁布法令禁止踢足球。中世纪末，足球活动逐渐衰退。1580 年，足球只是作为学校内部的一种体育活动在英国的大学校园内进行。1681 年，查理二世取消了足球禁令，但 1685 年查理二世去世后，英国王室仍对足球活动予以压制。

进入 19 世纪，随着划船、板球和拳击运动在英国被公众广泛接受，足球也被引入公共学校，逐渐被接受和发展起来。由于没有统一的规则，各学校都根据自己的特点制定独特的规则，导致比赛中各自采取自认为合法的动作或行为。1862 年，思林出版了一本他自称为是《最简的比赛》的规则，共 10 条，其中第 2 条规定可以用手抓球和用脚踢球。为了使足球规则能够有别于这一规则，1863 年 10 月 26 日，经过一系列的会议后，由伦敦 11 个主要的俱乐部和学校在伦敦的弗里森酒店举行会议创立了英格兰足球协会。与此同时也产生了世界上第一个统一的足球规则，共 14 条。这一日被世界公认为现代足球的诞生日，也因此公认现代足球起源于英国。

二、传播

现代足球诞生时，英国正处于世界头号大国的巅峰时期，其国内的退伍军官、商人从英国本土向世界各地如新西兰、澳大利亚、印度、南美洲移居，并同当地人进行足球比赛。由于踢足球不需要特别的装备或器材，使足球很容易被这些地区的居民接受。当时阿根廷所有的地方足球俱乐部都是由英国人开办的阿根廷铁路公司的英国雇员组成，而且阿根廷足球协会也由一个英国人亚历山大 · 赫顿（Alexander Hutton）创建成立。1892 年，一群英国人在意大利成立了吉诺板球和足球俱乐部（Genoa cricket and football club），但是由于对手极少，因此比赛也很少。1896 年，该俱乐部采纳一名船上的医生和守门员詹姆斯 · 斯潘斯利（Jamse Spensley）的建议，接受 50 名当地人加入俱乐部以使比赛次数增加。1897 年，意大利都灵市民成立了自己的俱乐部，即当时名声并不显赫的尤文图斯俱乐部。随后，俱乐部大量成立，意大利足球协会也随之宣告成立。

三、国际足球比赛

1872 年 11 月 30 日，在苏格兰的格拉斯哥城内的苏格兰西部板球俱乐部，英格兰和苏格兰之间进行了现代足球历史上第一场国际比赛。比赛结果是 0 ：0。由于当时苏格兰还没有足球协会，因此，苏格兰队是由苏格兰最早的俱乐部——王后公园俱乐部足球队代表的。1884 年，英格兰、苏格兰、威尔士、爱尔兰四个队开始比赛以争夺“不列颠冠军”。

四、职业俱乐部

1857 年，英国成立了世界上第一个足球俱乐部；1885 年，英格兰创立了第一个职业足球俱乐部。后来，职业足球俱乐部在奥地利、西班牙、意大利、匈牙利、捷克和斯洛伐克等国也取得了合法地位。

中国足球运动的发展

鸦片战争后，英国侵占我国香港地区，现代足球运动也随之传入我国，并首先在香港地区萌发。

19 世纪 90 年代至 20 世纪初叶，在我国一些沿海城市的教会学校中先后开展了足球活动。上海圣约翰书院和南洋公学足球队于 1901 年先后成立，两校自 1902 年起，每年举行一次对抗赛。北京、广州、天津、南京、武昌等地的一些教会学校在西方传教士的影响下也开展了现代足球运动。随着这些学校的学生毕业后走向社会，现代足球运动也随之逐渐由学校发展到社会，由沿海地区发展到内地。

一、新中国成立前发展阶段（1908 ～ 1949 年）

1. 发展时期（1908 ～ 1923 年）

这一阶段各类足球比赛活动较多。1910 和 1914 年的两届全国运动会，都有足球项目的比赛。各大城市的大学之间的足球比赛频繁进行。1913

年～1923年间，旧中国足球队曾参加了6届中、日、菲三国发起和参加的远东运动会的足球比赛，并获得第2届～第6届的足球比赛冠军。南华足球队在1923年7月～11月出访澳大利亚，此行为旧中国体育运动队首次出国比赛，最后取得8胜7平9负的战绩。

2. 兴盛时期（1923～1937年）

这一时期旧中国足球运动水平达到巅峰时期。足球运动由学校发展到社会，由沿海大城市发展到内陆。华西大学、四川大学等相继建立了足球队，在1933年和1935年，四川省还派队伍参加了旧中国的第五、六届全运会的足球比赛，青海省首次派队伍参加了旧中国第六届全运会的足球比赛，东北的大连、沈阳、延边等地区先后成立自己的足球组织或球队，并经常进行各种比赛。这一时期的全国性足球比赛有全国运动会足球比赛和全国足球分区赛。同时全国还先后派出多支球队出访国外。例如，由乐华、南华、中华联合组成的三华精英队，上海交通大学生队，香港大学队及上海中华队等足球队分别出访新西兰、澳大利亚、日本、菲律宾、印度尼西亚等国，并且也与日本来访的关西大学队、早稻田大学队，朝鲜国家队等进行比赛。全国各地的球队或球会组织的成立和频繁的国内、国际间的比赛，为旧中国足球运动的发展起到了很大的推动作用。特别是中国足球队在第7～10届远东运动会足球比赛中连续夺冠，以及在1936年第11届柏林奥运会足球比赛中的良好表现，为中国足球运动水平的提高和国际影响力的扩大起到了重要的作用。

3. 抗日战争全面爆发时期（1937～1945年）

抗日战争爆发后，足球运动受到严重影响，国内大城市的足球比赛大大减少。“沪港杯”于1940年终止，“史考托杯”于1943年终止，至此国际交往完全停止。

4. 解放战争时期（1945～1949年）

抗日战争胜利后，足球运动在基础较好的地区如香港、上海、东北等地恢复较快，并且先后组建了上海青白足球队、沈阳东北风足球队、大连中青队、隆华队、新青队等一些有实力的足球队。这一时期举行了全国运动会足球比赛、香港与上海的埠际对抗赛。中国足球队还参加了1948年8月2日～8月13日在英国伦敦举行的第14届奥运会足球比赛。尽管在此期间国内外足球比赛有所恢复，但我国的足球运动水平并不高。

二、新中国发展阶段（1949 年至今）

新中国成立初期，足球运动水平很低，足球人才也十分少。在党和政府的关怀下足球运动水平不断提高。1952 年 5 月国家队成立，随后各省代表队相继成立。1956 年 4 月 15 日，国家体委颁布了《青少年业余体育学校章程》（草案），为培养优秀运动员打下基础，随后各地业余体校相继成立。1956 年 4 月 28 日公布了《中华人民共和国运动竞赛制度暂行规定》（草案），同年就开始实行甲乙级联赛。1956 年开始实行运动员和裁判员等级制；1958 年又开始实行甲乙级升降制。这些规章制度的制定和贯彻实施，为新中国足球运动水平的提高产生了重大的促进作用。

在这一阶段，国家体委多次召开有关会议，为提高足球运动水平不断创造良好的环境和条件。1954 年首批国家青年队被派往匈牙利进行学习，一年半后，足球运动技术水平得到很大提高，回国后为国内足球运动水平的提高发挥了重要的作用。1955 年 1 月 3 日成立了中国足球协会，为更好地组织领导和推动国内足球运动广泛开展起到了极为重要的作用。国家体委也极为重视加强足球运动科学理论研究人员的培养。1955 年邀请了足球专家苏施科夫来北京讲学，并与李鹤鼎教授一起主持了全国首届足球研究生班，为国家培养了一批优秀的足球运动科学理论研究人员，为大专院校培养了高水平的专业师资，此外，还邀请匈牙利专家来国内开办教练员培训班。这一系列措施为国内足球运动水平的提高提供了重要的条件。在此之后，1958 年，北京足球队、“八一”足球队分别与获得第 16 届奥运会足球冠军的前苏联国家队踢成平局；1959 年，中国国家队战胜匈牙利奥林匹克足球队，并在中、苏、匈三国对抗赛上获得亚军；天津、北京、上海、广州队与瑞典冠军——尤哥登俱乐部队的四场比赛中取得 1 胜 2 平 1 负的成绩；1960 年，中国国家队还获得中、朝、越、蒙四国对抗赛的冠军。虽然取得了明显的进步，但中国足球队在重大国际比赛中的成绩仍处于落后状态。1957 年，中国国家足球队首次参加第 6 届世界足球锦标赛预选赛，最终以 1 球之差负于印度尼西亚队，失去了出线权。

1961 ～ 1965 年，由于自然灾害和社会经济上的严重困难等原因，并受到训练指导思想、训练工作中的失误等因素的干扰，足球运动的发展受到严重的影响。全国甲级联赛竞赛的场次减少，规模缩小，其他各类比赛也大量削减，国际间的交流和比赛更是锐减。全国多数足球队中断了训练，运动水平大幅度下降，致使国家队在 1963 年第 1 届新兴力量运动会足球比赛中未能进入前 4 名。

1966 ～ 1976 年，刚刚恢复的足球运动水平跌到深谷。全国足球竞赛、训练、科研、教学等活动几乎全部停止，足球队处于瘫痪状态。1967 ～ 1970 年间各级别足球竞赛和国际往来全部停止。

1978 年，全国甲乙级队双循环升降级制的比赛恢复，并逐步建立了各级比赛系统，对巩固 1957 年形成的甲级 – 乙级 – 青年 – 少年四级竞赛体制起到了积极的作用。1979 年 6 月 6 日，国务院批准下发了《国家体委关于提高我国足球技术水平若干措施的请示》的重要文件，为尽快改变我国足球运动水平落后的面貌，该文件中有针对性地提出了在群众中特别是在青少年群体中大力普及足球运动、抓好足球运动的重点地区、迅速组建国家青年足球队、大力加强科研工作等在内的 9 大措施。同年 11 月，召开全国足球工作会议，重点讨论如何贯彻国务院批准下发的文件，还重新确定了北京、天津、上海、广州、武汉、大连、沈阳、南京、延边、梅县、重庆、青岛、长春、昆明、石家庄、西安等 16 个全国足球重点发展城市。此后相继增设了“萌芽杯”“幼苗杯”“希望杯”三杯赛。1981 年 12 月在北京召开全国足球训练工作会议，总结了 1949 年以来足球训练工作的经验与教训，明确了主要任务是要迅速完善训练体制、加强训练基础建设、提高各级代表队的训练水平。1982 年，国家体委、教育部、共青团中央颁发了《关于在全国中小学积极开展足球活动的联合通知》文件，为足球后备力量的培养起到了重要作用。1985 年 11 月在南京召开全国足球训练工作会议，为足球训练提出了明确的方针、原则和指导思想。同年还在天津召开了全国第一届足球论文报告大会。1986 年底，国家体委成立了足球办公室，由足球办公室统管全国的足球训练、比赛、外事等工作。1988 年 11 月 16 ～ 19 日在广东佛山召开全国第二届足球论文报告大会。1990 年 2 月，国家体委发出了《关于中国足协实体化的通知》，至此国家体委足球办公室撤销。

继 1974 年 9 月中国足球协会被亚洲足联第六届代表大会接纳为亚洲足联会员之后，1980 年 7 月 7 日国际足联第四十二届代表大会批准了国际足联执委会 1979 年 10 月 13 日通过的重新接纳中华人民共和国足球协会为会员的决议。从此中国又回到了世界足球大家庭。1977 年北京举办首届国际足球邀请赛、1985 年成功地举办了首届“国际足联 16 岁以下柯达杯世界锦标赛”、1983 年和 1988 年两次在广州举办了国际女子足球邀请赛和国际足联国际女子足球锦标赛、1990 年在北京成功地举办了第 11 届亚运会足球比赛。

1992 年，中国足球队在第 25 届奥运会亚洲区预选赛决赛阶段失利，人们要求进行足球改革呼声更高。作为我国体育领域内的改革突破口，国内足球改革向着职业化的方向发展迈出了有历史意义的一步。这一步以 1992 年北京红山口召开的全国足球工作会议为标志，这次会议明确提出了改革体制、转换机制的根本问题，要推行俱乐部体制，走职业化的发展道路。1993 年在大连全国足球工作会议上又进一步提出了继续深化改革，深入整顿是今后我国足球界的两项主要任务。改革的主要内容是实现足协实体化，建立和完善足球俱乐部体制，开展职业联赛，实行人才流动与引进，实行运动员注册制、比赛许可证制，深入整顿的内容是解决足球界“不团结、不虚心、不严格、不刻苦”的“四不现象”。该次会议还提出了《中国足球事业十年发展规划(1993 ~ 2002)》。从 1994 年起实行以俱乐部职业队为主的全国甲级 A、B 组联赛，实施“绿茵工程”。

2003 年，中国足协代表大会制定并通过《中国足球发展十年规划》，这份规划提出了关于职业联赛的一系列指标。2004 年，中国足球协会超级组联赛委员会在上海成立，职业联赛进入中超时代。2015 年 2 月 27 日，中央全面深化改革领导小组第十次会议召开，会议审议通过《中国足球改革发展总体方案》，改革方案的出台标志着已上升为国家战略。方案明确了足协改革的方向：按照政社分开、权责明确、依法自治的原则调整组建中国足协。中国足球协会与体育总局脱钩，在内部机构设置、工作计划制定、财务和薪酬管理、人事管理、国际专业交流等方面拥有自主权。中国足球协会转向更为职业化的体育运动协会。

第三章 足球技术

现代足球技术特征

足球技术在比赛中有着特殊的地位，它是完成战术配合、决定战术效果的前提和保证。著名的足球教练绍恩（Shawn）曾这样说过："足球运动最重要的决定性的部分是技术。"随着现代足球攻守速度不断加快，对抗争夺日趋激烈，对足球技术提出了新的、更高的要求。

一、技术与目的结合

各项技术的运用都离不开其目的性，初学者与低水平的运动员运用足球技术的盲目性较强。而随着运动水平的逐步提高，盲目性越来越弱，目的性越来越强。因此，可以说运动技术水平与比赛技巧的提高过程，也就是减少盲目性、提高目的性的过程。

足球比赛的目标是不让对方将球攻入自己的球门，而且要千方百计地设法将球攻入对方球门。要实现这一目标，必须牢牢地掌握住控球权，各项技术的运用也将围绕着这一目标而展开。因此，控球并获胜是足球比赛的根本目的。

要做到技术与目的相结合，运动员除了要具备全面、扎实的技术基础外，还需娴熟自如地运用各项技术，特别要在技术的实用性上狠下工夫。

二、技术与速度结合

现代足球正朝着高速度、强对抗的方向发展，比赛中运动员完成各项技战术动作的时间越来越短，空间越来越小。要想真正适应激烈争夺中的快速攻守，最重要的因素是速度。特别是要掌握在快速动作中运用技战术的能力，注意完成技术动作的速度及技术动作之间的衔接速度。如果缺乏速度，那么再好的技术在比赛中也难有“用武之地”。

三、技术与意识结合

技术必须被赋予意识才有活力和威力。所谓意识，即运动员对足球运动比赛规律的认识，并根据临场变化而适时地采取正确、合理、有效行动的一种敏捷的思维能力。足球场上运动员的一举一动，包括在有球和无球的情况下，均是有意识的反映。

从单一的技术动作到局部的战术配合，乃至全队的整体打法，无不受意识的支配。因此，技术与意识的结合是一项高难度的任务，不仅要求运动员具备扎实的技术基础和娴熟的运用能力，还要精通足球比赛的规律及各种战术打法的要求，熟悉同伴与对手的球路和习惯，并能在瞬息万变的复杂形势中迅速做出判断和行动。

意识的培养与技战术的训练是一对孪生兄弟。从儿时初学足球开始，就应把意识的培养贯穿在技战术训练中，技术与意识应同步存在与发展。

四、技术与意志结合

意志是足球运动员必不可少的重要素质之一，特别是在某些具有特殊意义的比赛中，意志具有举足轻重的作用。足球运动员的意志体现在三个方面：勇敢顽强的拼搏作风、自我控制情绪的能力、敢于冒险的无畏精神。

由于足球运动的特点及规则，足球是勇敢者的运动项目。随着比赛愈演愈烈，对运动员的意志也提出了更全面、更突出、更明确的要求。没有坚强的意志品质，再好的技战术能力也难以正常发挥；反之，没有出色的技战术能力，坚强的意志亦无表现之处。两者只有完美地结合才能如虎添翼，收到事半功倍的效果。

五、技术与位置结合

当前，足球技术正朝着全面、快速、娴熟、简练、强对抗的方向发展，自1974年第十届世界杯赛后，足球运动对运动员的全面性提出了更高的要求。每个队员都身负攻守的双重任务，必须掌握攻守的技术才能适应战术的变化和比赛的需要。运动员在全面性提高方面做出了努力，全面型的整体和全面型的个人均在不断发展和提高。但是场上仍有位置分工，不同位置均有不同特点。这就要求运动员在掌握全面技术的基础上，根据个人的特长和位置的需要发展专长技术，既是足球场上的多面手，又是具有个人特点和某个位置上的专家。

六、技术与即兴结合

足球比赛经常出现一些难以预料的变化与结果，一时又难以找出正确的答案。人们曾幽默地说“足球是圆的”，以此作为没有答案的答案。随着技战术水平的全面提高与发展，赛场上给运动员留下时间越来越少，空间越来越小。这就需要某些超常的技术才能满足比赛的要求，因此即兴表演应运而生。所谓超常技术和即兴表演，是指根据赛场上瞬间即变的环境及突发的情况，随机采取应急手段，打破原有技术动作的结构，达到预期的目的。

随着足球运动的发展，运动员的即兴表演将会运用得越来越广泛、水平越来越高、魅力越来越大。这就要求运动员必须具有全面而娴熟的技术、突出的意识、敢于冒险的精神、机敏冷静的头脑、迅速的应变能力，而且均要在一刹那的时间内表现出来。

足球基本技术动作分析

一、颠球

颠球是指运动员用身体的各个有效部位连续地触击球，并加以控制，尽量使球不落地的技术动作。颠球是运动员熟悉球性的一种练习方法，以增强对球的弹性、重量、旋转，以及触球部位、击球时用力轻重的感觉。

1. 脚背正面颠球

支撑脚的膝关节微屈，当球落至低于膝关节位置（离地面约20厘米）时，颠球脚适当放松，并柔和地向前稍上方甩动小腿，用脚背轻击球的底部，将球向上颠起。

脚背正面颠球

2. 大腿颠球

支撑腿膝关节微屈，身体重心移至支撑脚上，两臂自然张开，当球下落到接近髋关节高度时，使大腿摆到成水平状态，击球的底部，将球向上颠起。

大腿颠球

二、踢球

踢球是指运动员有目的地用脚把球击向预定目标的技术。踢球是足球技术中最重要的技术，主要用于传球和射门。踢球的方法很多，动作要领也有所不同，但是每一种踢法都是由助跑、支撑脚站位、踢球腿的摆动、脚触球和踢球后的随前动作五个环节组成。

助跑是指踢球前的几步跑动，分为直线助跑和斜线助跑。助跑的方向和出球的方向相同叫直线助跑；助跑的方向和击球的方向成交叉叫斜线助跑。它的作用在于调整人与球的方向和距离，以便在踢球时使支撑脚能够处于所需要的正确位置，从而增加击球的力量。助跑最后一步要大一些，为踢球腿的充分摆动、增大摆腿速度、制动身体的前冲和提高击球的准确性创造条件。

支撑脚站位要求支撑脚的位置要以踢球腿的摆动能达到最大的摆幅、发挥最大的速度和有利于踢球脚准确地接触球的合适部位为原则。支撑脚的位置一般位于球的侧方，一般距离球 10 ～ 25 厘米左右。

踢球腿的摆动决定了击球力量的大小。它是踢球力量的主要来源。摆幅大，摆速快，踢出去的球力量就大，球的运行速度就快，运行距离远。

脚触球包括脚的部位和球的部位及击球的刹那踝关节紧张的动作。一般来说，用脚的某一部位击球的后中部，作用力通过球心，出球平直。

踢球后随前动作是指踢球后随着腿的前摆，使身体重心向前移动，这样易于控制出球方向和加大踢球力量，又能缓和因踢球腿急速前摆而产生的前冲惯性，以维持身体的平衡。

1. 脚内侧踢球

直线助跑，最后一步稍大，支撑脚站在球的侧面，脚尖正对出球方向，支撑脚落地后膝关节、踝关节微屈，踢球腿大腿带动小腿由后向前摆动，用脚弓部位触球，踝关节紧张，用力向前，触球后身体随球移动。

脚内侧踢球

2. 内脚背踢球

斜线助跑，最后一步稍大，以支撑脚底积极着地，脚尖指向出球方向，踢球腿已完成后摆，大腿带动小腿由后向前摆动，当大腿摆至与支撑腿接近同一平面时，脚尖外转，脚背绷紧，以脚背内侧部位触击球，击球后身体随球前移。

内脚背踢球

3. 正脚背踢球

直线助跑，最后一步稍大些，支撑脚滚动式地积极着地支撑，在球的侧面 10 ~ 12 厘米处，脚尖正对出球方向，膝关节微屈，踢球腿随跑动向后摆动，小腿屈曲，支撑的同时踢球腿以髋关节为轴，大腿带动小腿由后向前摆动。当膝关节摆至接近球的正上方时，小腿做爆发式的摆动，以脚背正面部位击球的后中部。击球后身体及踢球腿随球前移。

正脚背踢球

4. 脚背外侧踢球

脚背外侧踢球（又称外脚背踢球）是用第三、四、五跖骨体接触球的一种方法。由于此种踢球脚腕的灵活性较大，摆腿方向变化较多并且在助跑时又是正常的跑动姿势，故其出球隐蔽性较强，在足球比赛中各种距离的弧线球及非弧线球均可使用。

脚背外侧踢球

5. 脚跟踢球

这是用脚跟（跟骨的后面）接触球的一种踢球方法，大腿微伸小腿屈。由于人体结构的特点，这种踢球方法产生的力量虽然小，但由于其出球的方向向后，故有隐蔽性和突然性。球在支撑脚外侧，踢球脚在支撑脚前面交叉摆到支撑脚外侧用脚跟击球，球在支撑脚内侧，踢球脚后摆用脚跟踢球。

脚跟踢球

三、运球

运球技术从狭义上讲，仅是指运球的方法，即指用身体的某一部分触球，使球能随运球者运动的一种方法。运球技术动作通常是由运球方法的选择和准备、跑动中间断触球、为下一动作的连接做好准备等环节组成。

运球跑动要动作自然、重心低、步幅小、频率快。在运球过程中要求眼睛不能只注视球而应注意周围情况，这样才有可能在临场情况发生突然变化时迅速采取措施，并将球控制到所需要的位置。

1. 脚背正面运球

运球是用脚不断改变球的速度和方向的技术。运球时身体持正常跑动姿势，躯干稍前倾，步幅不宜过大，在着地前用脚背正面部位触球后中部将球推送前进。

脚背正面运球

2. 脚内侧运球

要求在运球前进时支撑脚始终领先于球，位于球的侧前方，肩部指向运球方向，支撑腿膝关节微屈，重心放在支撑脚上，另一只腿提起屈膝，用脚内侧推球前进，然后运球脚着地。

脚内侧运球

3. 脚背内侧运球

身体稍侧转，并自然协调放松，步幅小，上体前倾，运球腿提起外展，膝微屈外转，提踵，脚尖外转，使脚背内侧正对运球方向，在运球脚落地前用脚背内侧推拨球，使球随身体前进。

脚背内侧运球

4. 运球过人

运球过人是用于控制和支配球的基本动作，由拨球过人、拉球过人、扣球过人所组成。

拨球过人是指运球队员在跑动中控制球，左脚向侧前方跨出一步，上体随之向右侧晃动，借以迷惑对方，当对方跟随移动时，运球队员迅速用脚内侧向左侧拨球。触球后，右脚迅速向左侧跨出，身体向左侧移动，摆脱对方。

拨球过人

拉球过人是指当对方从侧面上来抢截时，运球队员突然用脚掌踩在球的上部向后拖拉球，然后用脚内侧向前或向侧面推球，迅速摆脱对方。

拉球过人

扣球过人与拨球过人动作相同，但用力方法不同，它的用力是突然地并伴随着突然转身或急停，在对手来不及调整重心的瞬间从反方向推送球越过对手的防守。

扣球过人

四、接球

接球是指运动员有目的地用身体的合理部位把运行中的球接下来，控制在所需要的范围内，以便更好地衔接下一个技术动作。接球是为下一个动作服务的，接球质量的好坏直接影响下一个动作的顺利完成。在比赛中来球的性质、状态不同，所以接球应根据不同的情况，采用不同的动作方法。无论采用哪一种接球方法，其动作结构都是由四个环节所组成。

观察和移动是指为了更好地完成接球动作，事先要注意观察来球的情况，从球的运行路线、球的旋转与速度等迅速判断落点，并及时移动，使自己能处于做接球动作的最佳位置。

选择不同的接球的部位和接球方法，各有其不同的作用。因此，必须根据临场情况及下一步动作的需要，恰当地选择接球的部位与接球方法。

改变来球的力量是指根据来球力量大小和接球实际需要，分别可以采取加力或减力（缓冲）方法，还可按照反射定律调整入射角，获取理想的反射角。

随球移动是指接球动作一做完立即随球移动，紧密衔接下一个动作，在接球与处理球的动作之间不能有所停顿。

1. 脚内侧接球

支撑脚尖正对来球，膝关节微屈，接球脚内侧正对来球前迎，当脚内侧与球接触的一刹那迅速后撤把球停在脚下。

脚内侧接球

2. 脚内侧接空中球

根据来球的速度及运行轨迹，及时移动到位，再根据临场的实际情况选择适当高度的接球点，将接球腿抬起，使脚内侧对准来球的方向并前迎，在接触球的一瞬间后撤，将球接到所需要的位置上。

脚内侧接空中球

3. 脚背正面接球

这种方法多用于接抛物线较大的来球，根据球的落点，及时移动到位，脚背正面向上迎球，当球与脚面接触的一瞬间，接球脚与球下落的速度保持同步下撤，此时大腿、膝关节、踝关节、脚趾均保持适度的紧张，脚尖微翘将球接到需要的地方。脚背正面接高空落下的球时，也可以将脚略微抬起，并适度背屈，当球接触脚背的瞬间踝关节放松将球接到身体附近。

脚背正面接球

4. 脚底接反弹球

根据来球落点，及时前移迎球，支撑脚站在落点侧后方，脚尖正对来球方向，当球落地瞬间，用接球脚前脚掌去触球的中上部，微伸膝，用脚掌将球接到体前。

脚底接反弹球

5. 大腿接球

一般可以用来接抛物线较大的高空球，面对来球方向，根据球的落点迅速移动到位，接球腿大腿抬起，当球与大腿接触的瞬间大腿下撤，将球接到需要的位置上。

大腿接球

6. 胸部接球

由于接球部位较高，加之胸部面积大、肌肉较丰满等特点，这一方法易于掌握，是接高球的一种好方法。有挺胸式接球、收胸式接球两种方法。

挺胸式接球是指面对来球时站立，两膝微屈，重心置于支撑面内，上体后仰，下颌微收，上臂自然张开，维持身体平衡，触球瞬间膝关节由直变屈，脚由提踵状态变全脚掌落地，整个身体保持接球时的姿势，下撤将球接在胸前。对于较高的球可采用此方法进行接球。

挺胸式接球

收胸式接球是指面对来球时，两脚左右或前后开立，上臂自然张开，挺胸迎球，触球瞬间收胸、收腹、臀部后移将球接在体前。若需在体侧接球，则触球瞬间转体将球接在转体后相应的一侧。此方法多用于接齐胸高的平直球。

收胸式接球

五、抢截球

抢截球是指运动员在规则允许的范围内，使用身体的合理部位，将对手对球的控制权夺过来或破坏掉。

选位：观察对方控制球情况和接应队员情况，分析判断对方意图，及时移动到实施抢截的有利位置上。

抓住时机，果断实施动作：在实施动作时，时机是最重要的因素，过迟过早都会影响抢截的效果，甚至造成失败。一般来说，抢截的时机可分为两种：一种是在对方个人控球企图越过防守时的抢截时机，这种情况多是在控球者作出触球动作后，触球脚即将落地或重心已移至即将落地的触球脚，此时实施抢截动作，持球者已无法再改变运球路线。另一种是在对方传接球的过程中的抢截时机，这种情况是指在对方将球传出、被其同伴接球前，抢先出击截获或触及。

在实施抢截动作后，应迅速使身体恢复到下一个动作所需要的状态和位置。

1. 正面抢球

正面抢球是对手运球从正面而来时所采用的方法。其动作方法是两脚前后开立，膝微屈，身体重心下降并落在两脚间，面向对手。对手运球前进，当脚触球即将着地或刚着地时，支撑脚立即用力蹬地，抢球脚以脚内侧正对球并屈膝向球跨出，挡住球的正面。

正面抢球

2. 侧面抢球

侧面抢球是对手快速运球推进时，防守队员与其平行跑动或从其背后追上成平行跑时所采用的抢球方法。其动作方法是当与对手并肩跑动时，身体重心稍下降，同对方接触的手臂要紧贴身体，当对方靠近自己一侧的脚离地时，使对方向外侧倒斜而暂时失去身体平衡并离开球，乘机将球抢过来。

侧面抢球

六、头顶球

头顶球是指运动员有目的地用前额将球击向预定目标的动作。足球比赛中不仅要处理各种不同形式和不同性质的地滚球，同时也要处理各种空中球。当遇到胸以下部位不能触及或规则不允许触及的一些球时就需要用头部来处理，因为头是人体最高的一个部位，额骨的前面较为平坦，只要掌握顶球技术，顶出的球就会有力。现代足球比赛中对时间与空间的争夺异常激烈，头顶球技术的使用不仅使运动员占据空间优势，又能争取时间，所以头顶球是处理高空球的最重要手段。

头顶球技术的动作结构大多由移动选位、身体的摆动、头触球及触球后的身体平衡四个环节所组成。

由于头顶球技术是用来处理空中球的一种技术，因此要想处理好来球，首要条件是对来球的速度、运行轨迹做出正确判断，选好击球点，并及时到达顶球位置或起跳位置，同时还应考虑到自己的能力和比赛当时双方的情况，只有充分地评估这些情况后的选位，才能保证完成顶球动作。

身体的摆动是由身体许多部位的肌肉协调用力完成的，其摆动顺序是由下而上，这样才可以使击球部位获得最大的速度，是头顶球力量的主要来源。但球所受力的大小不完全决定于用力的大小，还将受到头触球环节的准确度，以及来球力量大小的影响，顶出球的方向并非按照垂直碰撞的反射方向顶回。为了准确地将球击到预定目标，必须在身体摆动时就考虑到来球方向与将要顶出的方向间的关系，才能使身体摆动发挥出最大的作用。

头触球的主要任务是保证顶出球的准确性。它有两层含义：一是用头的哪一部位接触球，二是用头的一定部位接触球的哪一部位。在比赛中，大多数情况不是将球顶回，而是与来球方向呈一定角度，将球顶到一定距离的预定目标，因此要主动用力。

顶球者在触球后维持身体的平衡主要取决于以下几个要素：一是两臂合理摆动；二是脚步的移动；三是落地时屈膝、踝；四是来球的冲力。顶球者应根据不同来球和顶球方法恰当协调四者关系以维持身体平衡。

1. 前额正面头顶球

这是由额肌覆盖着的额骨正面部分去击球的一种动作方法，其接触部位是前额。

前额正面头顶球

2. 跑动头顶球

顶球的动作要领与原地顶球几乎一样，只是第一环节应针对来球跑出抢点。球顶出后，由于跑动速度较快，为保持平衡须随球向前移动。

跑动头顶球

七、假动作

在足球比赛中，运动员为了争取时间、空间的优势，取得控球权或控制好球以达到射门的目的，常常采取一些虚假的动作掩盖自己真实的意图，使对手产生错误的判断，造成错误的重心偏移，形成对自己有利的形势以达到自己的目的。

假动作渗透在各种技术中，如踢球、接球、顶球、运球、抢截球、掷界外球以及守门员技术等。

1. 技术动作结构分析

由于各类技术中均有假动作，为了方便，下面将按照假动作的特点，从两个方面进行概括和分析。

- 决定使用何种假动作并加以实施

在比赛中根据临场的需要，要及时做出使用何种假动作的决定。如在运球过人时，要根据对手的技术特点、当时所处的状况、周围对手的状况及同伴的情况对运球过人假动作进行选择并加以实施。在实施假动作时动作必须逼真，假动作暴露的程度及实施假动作的速度要适当。假动作的实施并非都是一次性的，有时为了使对手的重心偏移产生不适当的移动，需要做几个假动作才能有效，特别是实施假动作时最好能在活动中进行。

- 假动作实施后的衔接动作

在实施假动作后应根据对手的反应，迅速地决定自己所采取的对策。当假动作实施成功后，即对手已经上当，重心发生了不适当的偏移时，应迅速实施真动作；若假动作实施后，对手并未上当，重心未发生偏移，则可将实施的假动作当做真动作或继续实施假动作。

2. 技术动作要领

- 传球前的假踢

传球前为了使堵住传球路线的对手闪开空当，可先向一方做假踢动作，当对手去堵假踢的传球路线时，突然改变踢球脚法将球从另一方向传出。

- 接球前的假接

对手在体侧紧逼的情况下，可先向一侧做假接球动作，当对手重心发生不适当的偏移时，突然改变方向，从另一侧接球。

- 接球前的假顶

接高度在胸或头部的空中来球，对手迎面上来准备在自己接球后立即抢截球，接球者可做出假顶的动作，迫使对手减速或停下，远离自己准备截获顶出的球，此时突然用头或胸将球接在自己的控制范围。

- 顶球前的假接

面对高空来球，做出胸部接球的假动作，诱使对手逼近准备抢球，等对手逼近时，突然用头将球传出，使对手来不及去防守接球的队员。

- 运球过人假动作

①运球过人时的虚晃假动作。如面对对手控球过人时，对手逼得较紧，可向一侧用身体或腿部做虚晃动作（或是身体与腿同时并用）诱使对手跟随运球虚晃动作发生重心的偏移，然后迅速用另一侧脚背外侧向同侧拨球，并转身越过对手。②用减速或停顿的假动作，再突然启动的方法越过对手。快速运球

时，对手在自己一侧紧追不放，快与自己跑平时，做一个减速或停顿的假动作，使对手产生错觉。当对手也减速或停顿时突然加速推球向前甩掉对手。③当对手在侧后追抢时，运球者上前用异侧脚向前从球上跨过，诱使对手堵抢，然后用同一脚脚背外侧将球向另一侧扣回（或用另一脚脚背内侧将球扣回），甩掉对手。④防守者从正面迎上准备抢球，运球者用一只脚假做向另一侧前方踢球，诱使对手上前堵截，此时改假踢脚为支撑脚，用另一脚内侧将球向另一侧推出或向对手胯下推过，接着迅速绕过对手继续运球前进。也可继续用脚背外侧做假踢将球从对手胯下拨过，继续运球前进。

- **抢截假动作**

作为防守者，当对手运球向自己跑来时，如果防守者能调动进攻者，就可以变被动为主动，而抢截假动作就是达到此目的的一种手段。如先使用假动作去堵截某一方向，使进攻者不敢从这一方向出球或运球，而从另一方向出球或运球，却正是抢截真动作实施的方向，就可将球截获。由于高速运球较难抢截，稍一错移重心，就会被运球者越过，因而防守者对于高速向自己运球而来的进攻者可采取假动作前扑，当对手看到防守者猛扑时会一拨而过，但防守者假扑后立即转身将运球者拨出之球夺下来。使用这种假动作时应注意距离，离进攻者太远时对方不易上当；离进攻者太近易弄巧成拙，反被进攻者突破。

八、掷界外球

由于掷界外球时接球人不受越位规则的约束，因此，不仅用于恢复比赛，而且可以为进攻创造有利条件。尤其是在前场 30 米内掷界外球，将球直接掷入门前，可以给对方造成很大威胁。

掷界外球的动作是一个下端固定的爆发式的平摆运动，需要稳固的支撑。根据身高和臂长掌握合理的掷出角（不超过 45°），它是影响远度的重要因素，一般球出手早掷出角大，反之则小；球出手速度快，则掷得远。这需要力量基础和协调用力的能力，充分利用助跑的初速度，也有助于将球掷远。

1. 原地掷界外球

面对出球方向，两脚前后或左右开立，每脚均应有一部分站立在边线上或边线外，膝关节弯曲，上体后仰成背弓，重心移到后脚上（左右开立时，重心在两脚间），两手自然张开，拇指相对，持球的侧后部，屈肘将球置于头后。

掷球时，后脚用力蹬地（或两脚用力蹬地），两腿迅速伸直，身体重心由后脚移到前脚，收腹屈体，同时两臂急速前摆。当球摆到头上时用力甩腕将球掷入场内。掷球时，后脚可沿地面向前滑动，两脚均不得离地。

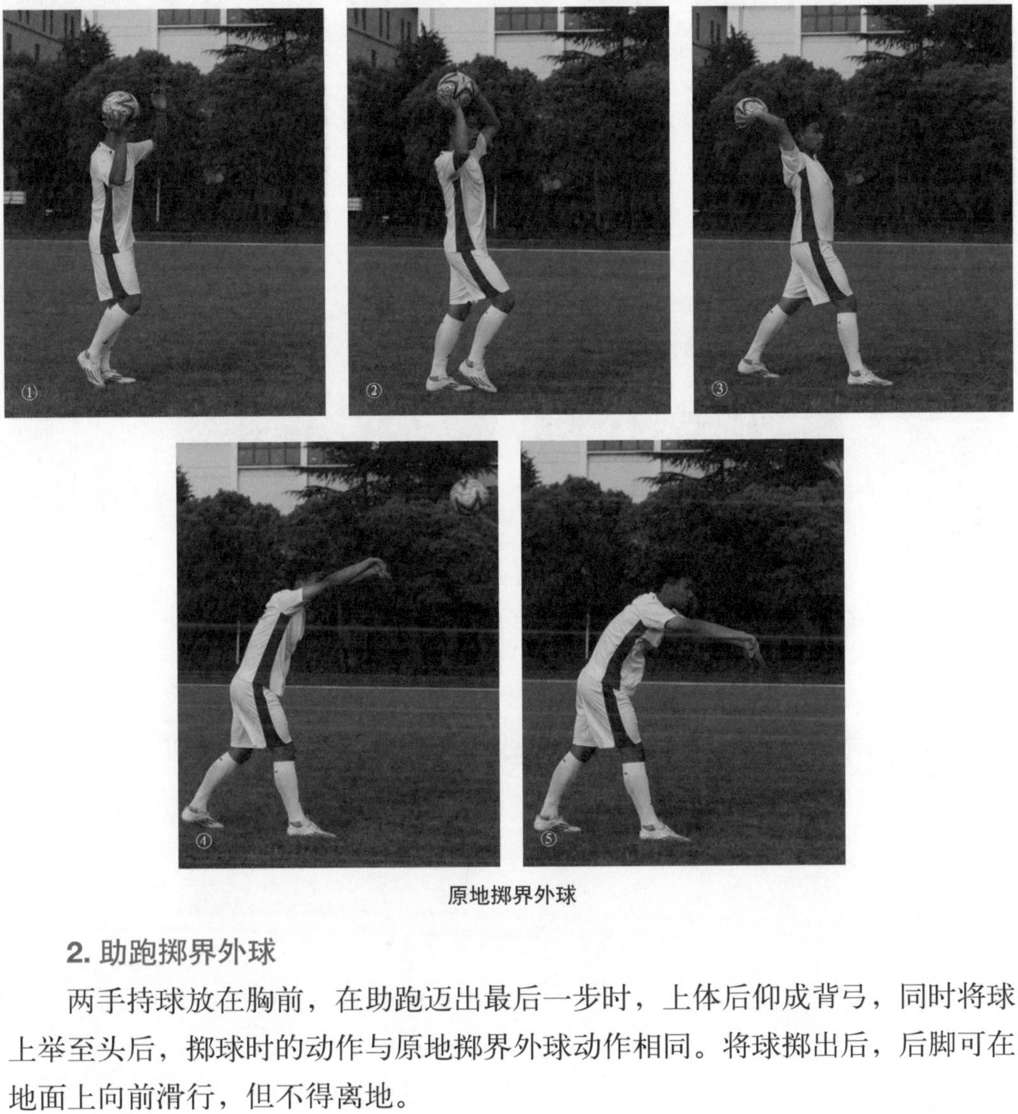

原地掷界外球

2. 助跑掷界外球

两手持球放在胸前，在助跑迈出最后一步时，上体后仰成背弓，同时将球上举至头后，掷球时的动作与原地掷界外球动作相同。将球掷出后，后脚可在地面上向前滑行，但不得离地。

助跑掷界外球

第四章
足球战术

足球战术就是在比赛中为了战胜对手，根据主客观的实际情况所采用的个人和集体配合的手段的综合表现。

技术、身体素质、心理素质与战术质量紧密相关。运动员的技术和身体素质是战术的基础；良好的心理素质是完成战术任务的保证。它们之间相互渗透、相互补偿、相互制约，片面强调某一方面的作用或依赖某一方面的优势，都很难在高水平的比赛中取得优异成绩。

足球比赛是由攻守矛盾组成的，攻和守不断地转换组成了比赛的全过程。因此，足球战术可分为进攻和防守两大系统。进攻和防守中又分别包含着个人战术和集体战术两类。实践证明，成功地组织战术并巧妙地运用战术是夺取比赛胜利的重要因素。

现代足球战术特征

一、机械分工消失

现代足球比赛，由于全攻全守战术打法的运用与发展，前锋、后卫和前卫职责的机械分工已经消失。比赛中队员前后、左右大范围机动跑位十分频繁，后卫插上助攻直至射门得分、前锋退居门前积极防守的现象已屡见不鲜。

全攻全守需要全面化的运动员，单凭技术或只靠体力的运动员在绿茵场上已逐渐消失。全攻全守的先驱者荷兰队教练米赫尔斯说："全面化的队员必须具备敏锐的机智，根据场上攻守情况，需要他到哪里、起什么作用他都能承担，这样把所有的力量加起来才是总体战术。"因此，运动员在技术、战术意识、身体素质和心理素质等方面获得全面的发展，是实现现代战术打法的基础。

当然，队员位置机械分工的消失并不代表比赛场上队员没有位置职责分工。实践证明，全面化的队员首先仍然是本位置的“专家”，其次才是其他各位置的“能手”，根据比赛主客观实际情况，出色地、创造性地完成本队总体战术要求他的各项任务。

二、快速争夺时空主动权

足球是争夺时间与空间的运动项目，快速争夺时空主动权，是足球比赛取胜的关键。在完成技战术过程中，时间是指攻守双方在时机、速度、节奏变化方面具有时间性的特征；空间是指攻守双方在距离、方位、角度方面具有空间性的特征。双方争夺时空主动权的目的是争夺对球的支配权，所以足球比赛的时间与空间都有其特定的含义，主要体现在运动员在高速运动与激烈对抗中对球速与落点、对手与同伴的位移速度和方向的观察与判断，完成技术动作时对时间与空间掌握的程度及充分利用场地发挥本队技战术水平，争取射门得分等方面。

争夺时空主动权，敏锐观察和准确判断是前提，意识和经验是基础，快速行动、高超技术和同伴支援是保证。优秀选手最突出的特点就是视野开阔、时空判断能力强，能更早地预测将会出现的局面，快速争夺控球的主动权，以达到本队的战术目的。

三、比赛阵形与队形合理组合

比赛阵形是指比赛场上队员的位置分布，是球队攻守力量搭配和职责分工的形式。它是战术的一个组成部分，其目的是使每个场上队员在明确基本位置和主要职责的前提下，充分发挥个人的智慧和全队的攻守特点，克敌制胜。

比赛队形是比赛阵形在不同比赛场合下更具体、更严谨、更灵活的运用，随机变化的人员组合，需要进行周密地组织。队形是一个队伍攻守战术效应的重要基础，凡不能保持良好队形的队伍，攻必乏力，守必漏洞。队形分为整体与局部两大类。如优秀队在比赛中整体队形压扁，一般在 40 米左右，三条线脉络清晰，间距合理。局部地区队形是三角形。合理的队形在进攻中利于支援，防守中利于保护补位。阵形与队形完美结合的核心是有利于创造和利用时间与空间，或控制和封锁时间与空间。

四、球队与球星完美结合

足球是集体运动项目，取胜需要发挥整体力量，球队整体水平不高，难成气候，即使是球星也不能离开同伴的支援，单枪匹马终将难现个人光彩。球队是由若干队员组成，每个队员的竞技水平直接影响整体成绩。球星是球队核心，往往拥有特长或绝招，在比赛中起到了他人无法替代的积极作用，教练员往往会围绕球星制订攻防战术打法。实践证明，训练有素的球队和出类拔萃的球星完美结合，才能攀登高峰，历届世界杯冠军队都给人们以深刻的启迪。

接应技巧

一、接应的概念

接应是一种无球的战术行动。它是在局部地区制造以多打少，瓦解对方牢固防守的有效手段，能为本队创造更多进攻点，促进进攻战术的灵活多变。

场上的 10 名进攻队员，可分为第一进攻者（持球队员）、第二进攻者（接应队员）和第三进攻者（跑位队员）。在实际比赛中，为了构成局部以多打少，接应队员可有 2 ～ 4 名，但在任何情况下，至少应保持 1 名接应队员。接应队员的跑动，通常是在持球队员的后侧方，像战斗机群中“僚机”和“长机”的队形，“僚机”要形影不离地保护“长机”，但有时自己处于有利的进攻点时，也可以脱离“长机”去攻击对方，而此时的“长机”就要保护“僚机”。

二、接应的作用

防守者在比赛中不断向控球队员施压并阻止其向前传球，接应就是为了解除同伴的压力，当选择能够接应同伴回传球的位置时，就可达到接应的目的，并完成控球队员无法完成的事——向前传球。随着当今世界足坛逼迫式打法的发展，有效的接应在进攻中显得更为重要。

1. 进攻作用

由于接应者所处位置，允许其有更广阔的场上视野，观察并弥补持球队员不能看到的场上动态和发展局势。

2. 防守作用

一旦持球队员失去控球权，他可迅速转换职能，作为有球区域的第一防守者。

3. 精神作用

由于他在持球者附近，可以呼应，使持球队员增强了处理好球的信心。同时，由于他的呼应，也分散了防守队员对持球队员的注意力，为持球队员的进攻创造了更有利的条件。

三、接应的要点

接应持球队员的时候，要考虑到与持球队员的距离、角度、呼应。

1. 距离

接应的距离，与接应时的场区、防守压力有密切关系，在进攻三区，由于受时间、空间的限制，距离一般为 4 ～ 5 米，可随时提供即刻接应和援助。在中区，由于有较大的空间，距离一般可在 8 ～ 12 米，这一区域通常为攻、守的过渡区，接应队员的位置对改变攻击方向、打法起到积极作用。在防守三区，由于对手的减少，争抢的压力要少于上述两个区域，故接应者的距离可为 10 ～ 25 米，这样更有利于掌握好进攻面。接应距离多少最为合适，取决于场上防守压力和个人习惯，但掌握好接应距离，是做好接应的重要保证。同时，场地的条件对接应距离也会有所影响。在颠簸的地面上比赛时，队员就需要稍多的时间来控好球，接应队员应处于稍远的位置。在球速慢、潮湿的场地比赛时，接应距离应比球速快、干燥的场地更近些。在进入进攻三区时，接应队员要牢记：接应点过近会使球的周围人员拥挤，留给自己向前传球的时间不多，过早地堵塞了空当；接应点太远对防守压力减少，有利于防守者构成以多防少的局面，当持球队员传球时，球易被截断，一旦持球队员失去控球权后，接应队员投入防守的时间相应增长。

2. 角度

接应的角度一般应是靠内，这具有多方面的好处：持球队员很容易看到接应者；持球者可向接应者快传球，传好球；传球范围大；场上视野广，有利于观察和控制场上情况；若持球者丢球，便于转换成防守者。

3. 呼应

呼应是接应技巧的组成部分，是与同伴联系的信号。比赛中呼应要用语简练、声音洪亮。呼应不仅可为持球者提供信息和技术提示，也可增强同伴信心和勇气。

紧逼与保护

一、紧逼的概念

所谓紧逼是指防守队员几乎能接触到被防守者，并且能够运用一个动作就可以直接阻碍进攻队员处理球的防守方法。无论个人或集体防守，紧逼都是最主要的防守方式。紧逼有时并不一定能够直接抢下球，但由于紧逼队员的干扰，往往能够为其他队员的抢球创造良好机会，造成进攻队员的失误。

二、紧逼的重点区域

根据战术要求，队员可以在球场的任何区域实施紧逼，而防守三区又是紧逼的重点区域。因为防守三区处于对手的射程之内，防守队员的任何疏忽都可能给本方的防守带来灾难性的后果。防守三区的紧逼，一方面可以给进攻队员持续的压力，迫使其产生错误的选位和接应；另一方面，限制对手获得球的时间和空间，使有球对手由于慌乱而丢球。因此，在防守三区必须对有球的对手实施贴身紧逼。

中区是组织进攻的重点区域，也是实施紧逼防守的重点区域。当在中区取得人数上的优势时，必须对对手实施紧逼，最大限度地破坏对方中区的进攻组织，为防守三区的有效防守提供有力的支援。

三、紧逼的距离

紧逼的距离应以既能随时断截对方的传球，又能在对方转身突破时处于领先对手的位置为最佳。一般离对手 1 ～ 1.5 米为宜。此外，紧逼的距离还取决于下列因素。

1. 速度

这个因素对后卫及其防守对象尤为重要。如果防守队员比对方前锋速度快，则可以站在离被防守者较近的地方。如速度慢于对手，采用贴身紧逼是十分危险的。在这种情况下，防守队员应当后撤，即使需作转身动作，之后也能比对方抢先接近球。

2. 技术水平

如果对方技术好，但速度慢，则可贴身紧逼对手，伺机直接破坏对手的接球；对技术较差的对手，可保持较远的距离，这种队员接球需要的距离较大，球弹出后离他较远，可在他接球后实施抢截。

3. 球所处的区域

当球离本方球门较远时，紧逼的距离可稍远；在离本方球门较近，威胁较大时，则紧逼的距离要近些。在紧逼盯人的同时，还应始终使自己处于既能观察球又能兼顾对手的位置，并根据比赛的实情将紧逼与保护补位、守与攻的转换有机结合。

四、保护的概念

保护通常是指队员位于抢球队员（第一防守者）身后，并直接提供增援的防守方法，保护队员也称第二防守者。他所处的位置，可封阻进攻一方对守方球门的威胁。他与抢球同伴之间的距离和位置，应根据球、守方球门和攻方队员的具体位置，视机而变，灵活选择。保护队员的职责主要是处理发生在球周围的各种情况。抢球同伴与对手争夺球的结局，便是保护队员下一步行动的基本依据。

五、保护的作用

1. 进攻作用

如果本方抢球同伴抢夺球成功，担当保护的队员同样可迅速转换职能，成为第二进攻者，即接应队员。

2. 防守作用

如果抢球同伴受挫，担任保护的队员可迅速转换职能，成为第一防守者即抢球者，继续遏制对方的进攻势头。

3. 精神作用

有保护队员居后增援，以及语言和位置上的呼应与鼓励，使第一防守者面对对方的控球队员时信心更足，无后顾之忧。

局部进攻配合

在足球比赛中，全队的进攻战术配合都由若干局部进攻配合所构成。无论多么复杂、精细的全队进攻配合都必须通过局部进攻配合来完成。所谓局部进攻配合是指在局部区域中，两名或三名队员通过运球、传球、跑位等配合，突破一名或两名防守队员的方法。局部进攻配合分为二人和三人局部进攻配合。

一、二人局部进攻配合

比赛中经常采用的二人配合进攻方法有传切配合“二过一”、踢墙式配合“二过一”、交叉掩护“二过一”和回传反切“二过一”。“二过一”是足球比赛中最常用、最有效、最简洁的进攻配合方法。在球场任何一个区域，任何两名同队队员都可以采用。在局部区域，二人进攻配合能力的强弱，直接反映了全队进攻配合的质量，也反映了队员的技术水平、战术意识及默契程度。

1. 传切配合“二过一”

传切配合“二过一”是两名进攻队员通过一传、一切配合越过一名防守队员的配合方法。

斜传直插“二过一”和直传斜插“二过一”都是只通过一次传球和穿插就越过一名防守队员，配合十分简洁和实用。在进行配合时，两名进攻队员要保持适当的距离。控球队员可采用运球或其他动作，诱使防守者上前阻截。插入的队员必须突然、快速启动，但应避免越位。

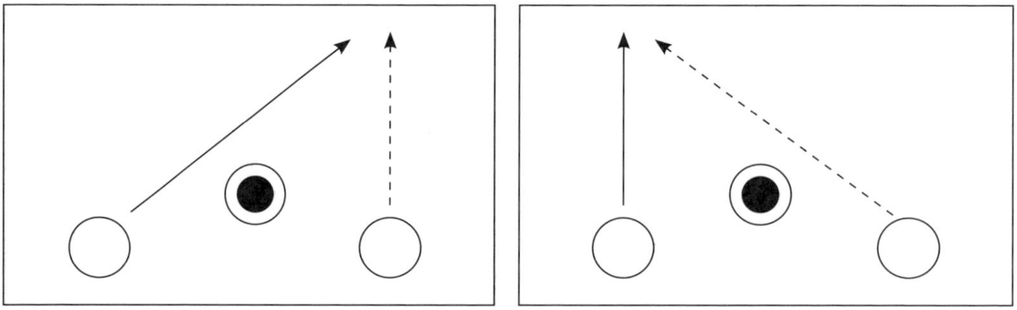

传切配合“二过一”

2. 踢墙式“二过一”

踢墙式“二过一”是两名进攻队员通过两次传球越过一名防守队员的配合方法。

要求持球队员：带球逼近防守队员，把防守队员吸引过来，距离 2 ～ 3 米处传球；最好传地滚球，力量适度，方向准确。传球后立即快速插入，准备接球。

要求接应队员（即做墙队员）：当控球同伴带球逼近防守队员时，接应队员要突然摆脱防守者，与持球同伴形成三角形位置，并侧对进攻方向，有利于观察传球；一次触球，力量适当，传球到位，尽量传地滚球；传球后立即跑位，寻找再次进攻配合的有利位置。

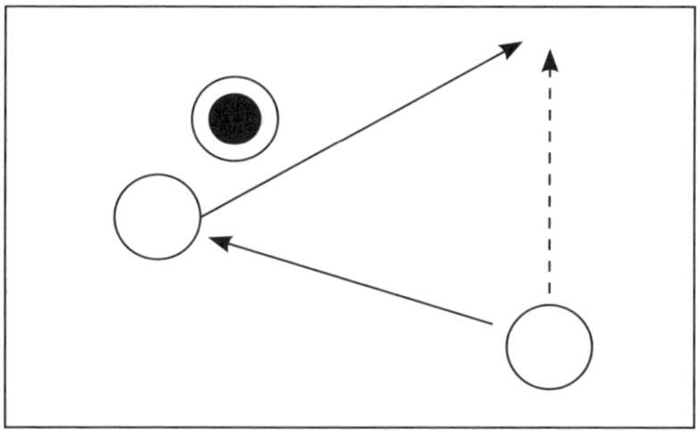

踢墙式“二过一”

3. 回传反切“二过一”

回传反切“二过一”是通过三次传球构成的配合方法。

要求持球队员：持球队员距接球队员 8 ～ 10 米处传球；要向接球队员脚下传球，力量应稍大些；接回传后，立即将球传到防守队员身后的空当，传球要到位，力量要适当。

要求反切队员：回撤接球要逼真，以引诱防守队员实施紧逼，制造防守队员身后的空当；回传球应传脚下球，传球力量稍大些；回传后，迅速转身，插向防守队员身后的空当。

运用回传反切“二过一”配合时，要有一定的纵深距离，特别是在罚球区前中路地区，要考虑到守门员可能出来断截的情况。

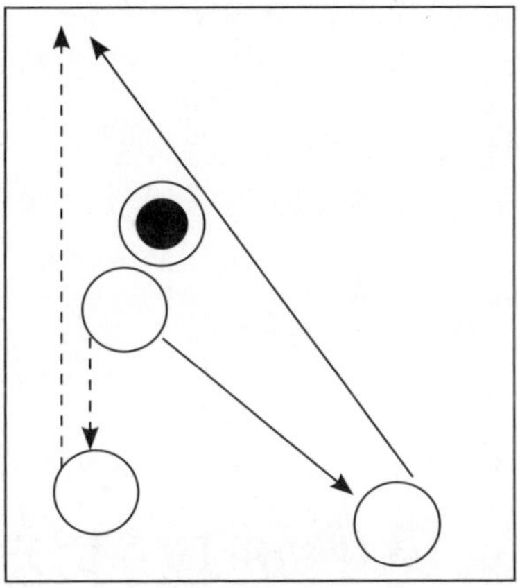

回传反切“二过一”

4. 交叉掩护“二过一”

交叉掩护“二过一”是两名进攻队员通过运球与身体的掩护越过一名防守队员的配合方法。

要求持球队员：用远离防守者的脚带球，将身体置于球与对手之间保护球；与同伴交接球时，可做运球假动作而不触球；完成配合后要继续跑位进攻。

要求接球切入队员：靠近运球同伴，以接应之势迷惑对手；选择有利时机突然启动，接带球越过对手。

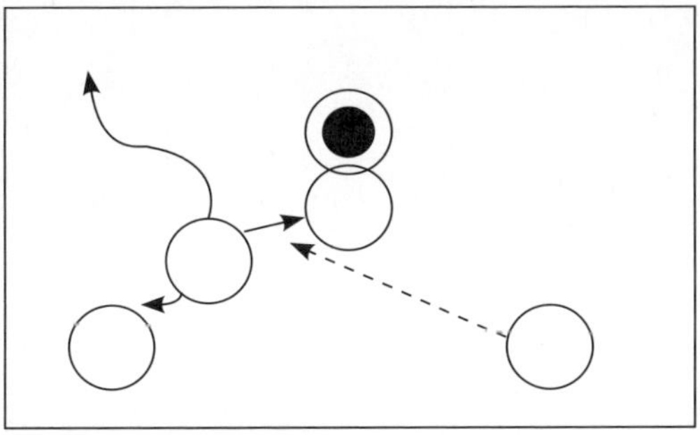

交叉掩护“二过一”

二、三人局部进攻配合

一般是指在局部区域由三名进攻队员攻击两名防守队员(即“三打二”)的战术配合方法，与二人局部进攻配合相比具有进攻面广、传球点多、战术变化大的特点，对防守的威胁也较大。但由于配合是由三人构成，其复杂性和困难程度比两人配合大，对队员的要求也更高些。

连续“二过一”是由至少两组“二过一”配合所组成。在三人配合时应做到：三个进攻队员的位置基本上应呈三角形，两个无球队员不能一起跑向一个点，造成位置重叠；控球者在传球前应注意观察，选择最有威胁的进攻配合。

常见的进攻打法

一、阵地进攻

阵地进攻即当守方的队员都退回到自己的半场且占据防守位置时，攻方的进攻则成为阵地进攻。阵地进攻的主要特点是守方没有大的空档，且攻防人数基本平衡，因此要求进攻者用不断地跑动、穿插、策应来打乱守方的防御体系，在局部地区打破攻守双方人数上的平衡，造成以多打少的局面。在发动阵地进攻时，本方必须控制好球，借助于集体控球（包括短传、倒脚等）能力充分利用球场的宽度来寻找突破口。一旦发现对方防线露出空隙，就毫不犹豫地展开攻击，稍有怠慢则机会可能立刻消失。阵地进攻的关键就是要利用场地长度和宽度作机动跑位，不断地调动防守者的位置，当防御体系中某一局部地区出现不和谐时，就为进攻带来了机会。此外，不容忽视的是，阵地进攻随时都存在着一旦进攻受阻，被对方断球后打反击的危险。因此阵地进攻对战术及其变化的要求很高。

1. 边路传中

边路传中是指在对方半场两侧地区发展的进攻，以传中创造射门条件为目的。由于两侧地区防守队员相对较少，空隙较大，攻方在这一地区便于发展进攻，突破防线，创造攻门机会。但是由于离门远、角度小，直接得分的可能性小，大多数的攻门仍然由边路突破传中后，由中路和异侧同伴包抄完成。

边路传中的区域：现代足球比赛中，阵地进攻在边路发展时，传中的区域主要有两个，一是在对方罚球区的延长线附近；二是在球门线附近。这两个传中区域以前者为多。

边路传中的落点：边路传中的落点主要有三个，一是近门柱，即球门区与第一门柱之间；二是罚球点附近，这一传中点是进攻者攻门的最佳位置；三是远门柱，这一区域既可直接攻门，又可将球传向球门中区，由同伴实施攻门。

边路传中的要点：当今足球比赛，对传中技术的要求越来越高，要求弧度低、球速快且带有明显的向内旋转。这使得守门员、防守队员进行判断，并实施抢断、破坏都有一定难度，而对进攻者的射门是有利的。此外，传中时还可以传平直球（球的高度在膝部以上、头部以下），这种球在飞行途中的射门点比较多，进攻者可以在球运行途中的任何一点攻击球门，而不必等球落到地面再射门。传中的时间应选在防守者面向自己球门跑动，阵脚未稳，尚未调整好位置时最为有利。

边路传中的方法：一是运球突破，运球突破是个人进攻战术中的锐利武器，主要有速度型、假动作型及两者结合型。速度型运球突破，均为启动速度快、爆发力强的队员，往往在运球突破时无需做假动作，利用有利的位置将球推向防守者身后，利用自己的速度优势强行突破。二是传球配合，传球配合在边路进攻中运用最多。中路包抄的队员要有比较明确的分工，谁抢第一点，谁抢第二点，谁在外围争球使包抄有一定的层次，可使射门的机会增多。

2. 中路渗透

一般有后场发动、中场发动、前场中路发动进攻三种形式。

后场发动进攻：守门员发动进攻，后卫发动进攻。

中场发动进攻：在阵地进攻中的中路渗透，主要的战术配合就是由中场发动的，前卫队员担任组织核心的重要角色。采用的方法是短传配合，以各种“二打一”来摆脱对方的防守。

前场发动进攻：主要靠前锋回撤后，在其身后形成的空当由其反切插入，或者由后排的前卫、后卫插入。在罚球区附近作踢墙式“二打一”的配合，在中路突破对方密集防守往往有奇效。

3. 中边转移

由于中路聚集着攻守双方大量的兵力，有时单一的中路渗透往往不能奏效，因此一旦中路进攻受阻，应及时往边路转移，以分散中路守方的注意力，由边路突破再将进攻方向转到中路。有时防守的力量偏重在某一侧时，也可以作由一侧向另一侧的边路转移进攻。

4. 阵地进攻的基本要求

（1）前场和中场队员要灵活机动地跑位，以有效地调动和拉开对方的防线。

（2）控球队员应首先考虑快速向前传球，以加快向前推进的速度。

（3）进攻时应不断利用动作节奏变化和快慢速度的交替，以调动对方的防守重心。

（4）进攻的推进应有严格的层次和梯队，以防被对方断球后反击。

（5）要有准确的传球，技术动作应在跑动中准确简练地完成。

二、快速进攻

快速进攻是最有实效的一种进攻战术。其主要特点是由守转攻时，乘对方来不及组织防守，立脚不稳之际，通过简便快速的传递配合，创造射门机会。快速进攻的形式有以下几种：一是守门员获得对方射门的球，此时对方三条线压得比较靠前，守门员迅速用脚踢或手抛给本方埋伏在对方后卫线附近的突击队员，形成快速突破的机会。二是在中、前场截得对方脚下球后即刻发动进攻。三是在中、后场获得任意球时快速发球，也能形成快速进攻的机会。快速进攻最为关键的因素在于“快”和“准”。

1. 边路传中

快速进攻中通过边路的进攻主要有个人突破及边路队员快速插上到防守者的身后接球突破。

2. 中路突破

快速进攻中的中路突破主要形式有个人突破和配合突破。

3. 中边转移

快速进攻中的中边转移，主要形式是中、后场得球后直接将球长传至边路，由边路队员突破，或者经过中场的一两次传递后再将球分到边路，由边路队员突破。

4. 快速进攻的基本要求

必须具备快攻意识，每一个队员都应意识到一旦得球，就是发动快速进攻的开始；具有宽阔的视野和良好观察能力，随时能捕捉到快速进攻的机会；快速进攻中既应有固定的突击点和攻击手，又应有机动的突击点和攻击手，机动灵活，随时应变；快速进攻的组织者要有过硬的中长传技术，一旦形成了快速进攻的局面，能够及时、准确地将球传到突击点；担任快速进攻突击手的队员要有强烈的向前意识和快速的攻击能力。

常见的防守打法

一、区域盯人与混合盯人的概念

区域盯人防守是指每一名防守队员都有一定的防守区域，进攻者一旦进入该区域时，该区域的防守队员即对其严密盯防，限制其在该区域的一切进攻行动。虽然区域盯人防守规定了每一个防守者的防守区域，但防守队员之间必须有协防的意识，当某一区域防守失败，则邻近区域的防守者必须及时补位，被突破者则应与他及时换位，以求得整体防守的平衡。

混合盯人防守是人盯人与区域盯人互相结合的一种防守形式。根据对手情况，在某些区域实行人盯人，在某些区域实行区域盯人，充分发挥这两种形式的优点，增强整体防守的综合效果。混合盯人防守的方式是非常灵活的，这主要取决于对方队员的特点以及本方整体防守的设计方案。在采用此种防守形式时必须注意：重点盯对方进攻的组织者和主要得分手，最大限度地限制他们的进攻行动，削弱对方的攻击能力；要明确在哪些区域实行盯人防守，在哪些区域实行混合防守，或对对方哪些队员实行盯人防守，哪些实行区域防守，即对防守对象有明确地分工。

另外值得注意的是区域与区域之间结合部的防守。往往在这一区域由于防守者职责不清或防守不够默契，容易造成混乱，给进攻者造成突破机会。

二、常见的防守打法分析

1. 中、前场逼迫式防守

这种防守形式一般在实力对比上双方势均力敌或实力高于对方时运用。当本方在中、前场一旦丢球，立刻组织防守，丢球者迅速堵截控球者，其他防守队员对前来接应的进攻队员实行紧逼盯人，此时三条线保持较短的纵深距离，压住对手，令其回传、横传球。

中、前场逼迫式防守要求队员要有压倒对手的气势，这种气势会给对手以极大的压力，往往队员并未抢球，而对方队员在这种气势的压迫下，自己有时就会出现失误。防守队员的行动要协调一致，从中前场控球队员丢球后进行堵截开始，就发出了逼迫式防守的信号，全体队员同时行动。在压缩了的防区内，实行人盯人防守，不给对方以任何的喘息机会，三条线要压扁，相互之间不能脱节。

2. 逐步回撤防守

这种防守形式是在中前场由攻转守时，本方靠近对方控球者的队员及时上前封堵，不让其运球突破或向前传球，在封堵的过程中，争取时间，其他队员迅速回撤，将防区逐步由前场后撤到本方的中后场，这样一方面占据有利的防守位置，另一方面聚集较多的防守队员，以利稳固防守。

3. 快速回收密集防守

此种打法一般多用于敌强我弱，或以“稳固防守，快速反击”为指导思想的球队。它是在由攻转守时，仅用 1 ～ 2 名队员在中前场封堵控球者，其他队员快速回收到本方的后场，不在中前场与对方展开周旋。这种打法的主要特点是将防守重点布置在禁区前沿，形成严密的防守网络，防守队员相互之间保持一定的距离，形成稳固的保护状态，给对方的进攻造成极大困难。

快速回收密集防守要求收缩防区要快，一旦由攻转守，靠近球的队员应前去封堵，防止对手发动快攻，其他队员应快速回位。对接近球门的对方队员要紧盯不舍，特别是对前插的队员要及时跟盯，不能放松，往往插进来的队员是最危险的。要千方百计的限制、干扰和封堵对方的射门，对近射或远射者均不能令其从容起脚。

4. 局部区域围抢

一般由 2 名以上防守队员，对 1 名控球队员实施围抢，且常在边线或球门线附近地区进行。此时防守队员要从多个方向将持球者围逼在很小的范围内，令其既不能突破又无法传球。同时外围的防守队员应盯住前去接应的其他进攻队员。

局部区域围抢必须是在局部地区防守人数占优的情况下进行。围抢局面一旦形成，所有参加围抢的队员行动要协调一致，抢截动作都必须是要做到位。在围抢的同时，外围防守队员必须紧盯前去接应的进攻者，如果有一处漏人，则围抢局面就有可能瓦解。

比赛阵形

比赛阵形是指在比赛中队员的位置排列，是攻守力量搭配和职责分工的形式。比赛阵形的选择要根据队员的特点和与赛队的特点来决定。阵形是比赛战术的一个组成部分。比赛阵形要使每个场上队员在明确基本位置和主要职责的前提下，充分发挥个人的智慧和全队的攻守特点，以克敌制胜。

一、阵形演变的简史

现代足球的比赛阵形是伴随着足球运动的发展而发展的。规则的变化，技术、战术、身体素质等因素的不断提高，促进了阵形的演变和发展。阵形的演变可归纳为以下几个阶段。

1. 第一阶段（1863 ～ 1930 年）

现代足球诞生时的规则规定凡进攻队员在球的前面就是越位。当时的技术水平低下，进攻手段是向前踢球后进行冲击或向前带。为此，设 1 名防守队员就可抵挡 9 名进攻队员，即“一锋九卫”阵形。随着技术的提高，越位规则的修改，有利于进攻和进球，增加防守队员势在必行，相继出现“三卫七锋”和“四卫六锋”阵形，攻多守少是这些阵形的共同特点。直到 1884 年，在英国诞生攻守人数排列基本平衡的塔式阵形（“235”），才改变了攻多守少的状况。塔式阵形积极地推动了足球运动的发展。

纵观这一长达半个多世纪的阶段，足球水平较低，技术较粗糙，发展提高较慢。

2. 第二阶段（1930 ～ 1970 年）

这是现代足球水平提高较快的阶段。阵形变化频繁，发展较快，攻守矛盾尖锐，变革深刻，对世界足坛影响较大。

“WM”阵形：1925 年国际足联再次修改越位规则，将越位的概念由进攻队员与对方球门线间对方队员不足三人改为不足两人，虽然只改了一个字，但对足球运动的发展作用很大。1930 年英国人契莆曼（Herbert Chapman）创造了在足球史上占有重要地位和作用的“WM”阵形。其显著特点是攻守人数排列平衡，5 名防守队员构成“M”形，5 名进攻队员构成“W”形。此阵形对英国人在 20 世纪 50 年代前统治世界足坛起到了重要作用。

“四前锋”阵形：50 年代初，匈牙利首创“四前锋”阵形。这是一个倡导进攻的阵形，以技术精湛、配合流畅、进攻犀利、打法新颖而一举成名。1952 年，匈牙利国家队获第 5 届世界杯亚军；1953 年，在英国温布利球场，匈牙利 6 ∶ 3 横扫英国；1954 年，匈牙利更是以 7 ∶ 1 大胜英国，震惊足坛。“四前锋”阵形风靡世界。这种敢于进攻和创新的精神为足坛树立了榜样，被誉为足球的第一次重大变革，其功绩永存足球史册。

“424”与“433”阵形：1958 年，巴西队在瑞典举办的第 6 届世界杯赛上运用“424”阵形而一举夺魁。这也是一个以攻为主、攻守平衡的阵形，攻守转换快而顺畅，由于边锋和边后卫协助控制中场，利于夺取比赛主动权。“424”阵形曾在世界足坛广为流行，被誉为足球的第二次重大变革。1962 年在第 7 届世界杯赛上，巴西队在“424”的基础上推出“433”阵形，创造性地灵活运用扎加洛攻时任左边锋、守时任左前卫的踢法，既加强了进攻，又增强了中场的防守。巴西队用此阵形蝉联世界杯赛冠军。

“442”等诸多防守阵形：由于进攻型足球的胜利和卓越的个人技术所产生的威慑力，迫使各国的球队不得不加强防守以遏制进攻。20 世纪 60 年代，诸如“清道夫中卫”“锁链式”“混凝土”等密集防守阵形应运而生，致使世界足坛攻守矛盾的斗争日益加剧。1966 年英国队在本土举办的第 8 届世界杯赛上采用加强防守的“442”阵形一举成功，首次登上世界冠军的宝座。直到第 9 届世界杯赛，巴西队以崇尚进攻的传统打法，改变了上述种种旨在加强防守的踢法，第 3 次获世界冠军，使下降了的进球数又回升至平均每场进三球。这是以巴西为代表的进攻型足球的胜利。

3. 第三阶段（1970 年至今）

这是现代足球发展最快，变革最深刻的阶段。它标志着足球机械分工的结束，进入了全面化与多职能的足球时代。这阶段的阵形繁多，但万变不离其宗，都是围绕着全攻全守的主线在变化，并向纵深发展。

“1333”阵形：在 1974 年第 10 届世界杯赛上，以荷兰与前联邦德国为代表，首创了崭新的全攻全守踢法，比赛阵形是“1333”。这种踢法要求运动员能攻善守，队员的活动范围大，职能增多，不仅对运动员的个人技术、战术意识、身体素质提出了全面化的要求，而且对全队的整体攻防一体化要求更高。“1333”阵形被誉为足球打法的第三次重大变革。

“352”与“532”阵形：20 世纪 80 年代，在欧洲锦标赛和第 13 届世界杯赛上出现了“352”和“532”阵形。实践证明，夺取中场优势是获得比赛主动权的关键，用四名后卫对付普遍采用两名前锋打法的战术是人力的浪费。进攻时，边后卫进入中场以夺取中场优势和主动，并伺机插上进攻；防守时，在中场阻止和瓦解对方的进攻，对方进攻向两边纵深推进时，边后卫势必后撤防守。此时，“352”变成“532”。因此，“352”与“532”实际上是根据攻与守的需要，队员在场上位置布局的变化。

其他几种阵形：全攻全守的踢法所采用的阵形很多。凡有利于全攻全守，有利于发挥个人特长和集体力量，符合主客观实际，无论什么阵形都可打出全攻全守，都能取得实效和成功。意大利队在1982年第12届世界杯赛上采用“433”阵形，运用“稳固防守，快速反击”全攻全守打法而获冠军。这种阵形的制定符合意大利队防守好、有攻击力强的前锋的实际情况。巴西队在学习欧洲整体攻防的长处，并克服自身重攻轻守等缺点的基础上，制定了符合现代足球发展趋势和本队实际情况的“稳固防守、力控中场、加强进攻”的攻守兼备的打法，充分发挥全队整体配合和球星的个人能力，采用了“424”阵形，在1994年第15届世界杯赛上夺回了失去24年之久的冠军奖杯。

1998年第16届世界杯各队采用的阵形均不同，但有两个共同特点，一是越来越重视学习南美球队的技术，并将技术、战术和身体素质融为一体，将南美风格和欧洲风格融为一体。二是采用积极主动的逼迫式防守。进攻一旦失败，近球的队员即展开追、封、抢、围，积极主动、拼抢凶狠的防守，把防守的第一线建立在前场和中场，把进攻扼杀在发动和组织阶段，减轻后场的压力，将攻与守融为一体，同时在中后场积极布防，占据有利位置，进行协同防守。一旦在前中场抢截成功，立即发动进攻，这种进攻的威胁和成功率远高于从后场发动的进攻。这种踢法对全队在技术上、整体攻防上，特别在体能上提出了非常高的要求。

综上所述，一百多年的足球运动发展史也正是阵形演变的发展史。其发展的基本规律是：攻守矛盾的斗争是阵形演变和发展的动力，队员竞技能力的不断提高是阵形演变和发展的基础；制定符合实际的战术是阵形变革成功的重要条件；规则的不断修改也是推动阵形演变和发展的重要因素。

二、阵形特点

1.“442”阵形特点

1966年英国开始使用“442”阵形，当时主要是为了加强防守。现今，“442”赋予全攻全守的内涵，两者区别甚大。现今的“442”阵形的主要特点如下。

后场和中场均安排4名队员，力量强，有利于巩固后防，力保大门不失，同时有利于夺取中场优势和主动权。前锋只安排2名，一般来说，这2名前锋突破能力强，善于捕捉得分机会，能通过积极的跑位在中路和边路制造空档，便于前卫、后卫插上进攻，并有利于组织和发展点多面广的进攻，增强了后卫、前卫进攻的突然性和隐蔽性。从队员排列分布看是攻少守多，但通过合理有序的组织、积极的跑动，完全能达到比赛过程中攻守力量的实际平衡。由于各队队员的特点不同，尽管都采用“442”阵形，但位置排列上和具体攻守打法上都有所不同。前锋队员主要有双中锋和一边锋一中锋的两种排列。4名前卫有一字形横向排开和菱形排列两种，其分工为1名进攻型前卫，1名为防守型前卫，另2名为边前卫。

2.“352”阵形特点

该阵形的显著特点是中场人数多，力量强，有利于夺取中场优势和取得比赛主动权。通过前锋和中场队员的逼迫式防守，既可减轻后防的压力，增加对方进攻的难度，又可在中前场抢截成功时，发动反攻，其威慑力和成功率远高于后场发动的进攻。用3名后卫盯防普遍采用的2名前锋，有人数优势，两名队员可大胆紧逼盯人，自由中卫可保护补位并能有效地控制门前危险区。中场队员插上进攻点多面宽，具有突然性和隐蔽性，对手难以防范。边前卫要求甚高，集边锋、前卫、边后卫三位于一体。其位置排列的变化主要是5名前卫。

3.“343”阵形特点

攻守平衡，中场力量相对较强。排3名前锋既加强了进攻力量，又牵制对方边后卫的助攻。转入防守时，前场、中场兵多将广，有利于展开逼迫式防守，减轻后防压力。3名后卫看守2名前锋具有人数和心理优势，无论对方采用双中锋还是其他排列，均可用2名后卫死盯，一名自由中卫保护补位和控制危险区。攻守转换自然、流畅，队员位置相对稳定，变化较小。

4.“451”阵形特点

这是一个相对侧重防守的阵形，4名后卫主要是防守，帮助控制中场和助攻，但较少直接进入前场或对方罚球区进攻。中场力量强，人数多，利于夺取中场优势和获得主动权，并能减轻后防的压力。进攻力量较弱，进攻的效果一看反击，二看前卫的能力和变化，特别是处于中锋之后的左右2名进攻型前卫和两边前卫在进攻中的作用。由守转攻时，中前场空区大，进攻点也多，有利于组织快速反击和点多面宽的进攻，并能增加进攻的突然性和隐蔽性。

三、制定阵形的主要依据及应用时的注意事项

1. 制定阵形的主要依据

必须依据本队队员的能力和特点。战术与阵形既有联系又有区别，世界强队制定阵形时都注重符合本队队员的特点和实际，所以能获得成功。如果队员不具备某种阵形所需要的能力和特点，那么这一阵型就发挥不了集体的力量和个人的特长，也谈不上有什么作用。

必须依据现代足球比赛的规律。现代足球的总体要求是全攻全守、攻守平衡。但在实际运用时，普遍是先守好了再进攻，力争不失球，然后再设法进球，确保取胜和不输。从 20 世纪 80 年代以来，普遍采用的阵形是“442”“352”“532”“451”等阵形。其排列形式上均是守多攻少。近几届世界杯赛的进球少，平均每场进球在 2.1 ～ 2.7 个球之间徘徊。可见，从理论到实际都说明了制定阵形必须依据比赛的规律。

2. 应用注意事项

切忌盲目搬用脱离实际的阵形：有些教练在选用阵形时，喜欢盲目仿效大赛中成功的阵形，但结果大失所望。其根本原因是阵形脱离本队队员的实际能力和特点。

提倡发挥队员的应变能力和创造力：全攻全守要求每个队员能攻善守。其首要的前提是完成好本位置的职责，同时应允许和鼓励队员不要受位置的束缚，充分发挥其应变能力和创造力。

保持完整的队形：从位置来说，无论进攻还是防守，无论队员怎样纵向或横向变换位置，始终要保持各位置上都有队员，既不能重叠又不能在某位置缺人。要保持三条线即前锋、前卫、后卫之间纵向和横向间的适当距离。前锋线和后卫线间的纵向距离宜保持在不超过 40 米，队员横向间的距离在 5 ～ 10 米。特别是在后场 30 米区域，队员前、后、左、右间的距离宜小，以取得空间和时间的优势，以利于发挥整体攻防和每个队员的力量。

队员的合理组合：教练员要知人善任，将队员安置在最能发挥其特长和作用的位置上，并能充分发挥集体的力量。1994 年第 15 届世界杯赛上的巴西队成功地运用了“442”阵形，七场比赛进 11 球，失 3 球，说明其后防异常坚固，

中场优势明显，前锋的攻击力很强，罗马里奥与贝贝托被誉为梦幻组合。

合理的攻防打法：每个队的攻防打法都建立在本队特点和双方实力对比基础上，同一种阵形，打法可以不同。有的以稳守反击为主，有的以渗透进攻为主，有的以边路进攻为主，有的以中路进攻为主，有的采取逼迫式防守，有的采取密集防守等。

第五章

足球竞赛规则

足球竞赛规则的基本原则

现代足球竞赛规则产生于1863年10月26日，最初只有14条，经过一百多年的实践，不断完善，形成了文字简要而内容丰富的特点。足球竞赛规则在实践中不断修改与变化，这种变化遵循下列几条基本原则。

1. 保护双方运动员

足球运动是一项争夺激烈，富有战斗性的运动项目，允许运动员身体接触和合理冲撞，提倡勇猛顽强、积极主动的战斗作风。因此，在规则中明确规定哪些动作是允许的，哪些是不允许的，其目的是保护双方运动员的安全，保证比赛顺利进行，有利于足球运动健康地开展。

2. 促进技、战术的发展

任何运动竞赛项目的规则制订与修改都要有利于本项目的技、战术的发展。当足球运动发展到一定阶段，如果竞赛规则影响技、战术的发展，人们就要修改规则，使其有利于促进技、战术的发展。

3. 体现对等的原则

足球比赛是千变万化的，因此，规则中有些规定不可能模式化，其中有许多裁判员“认为”，但这种“认为”必须是对比赛双方采取对等的原则，如果违背这一原则，也就是人们通常所说的“不公正”。

4. 适应职业化需要

随着足球运动职业化的迅猛发展，足球竞赛规则也必须适应职业化发展的需要，鼓励进攻，鼓励进球，吸引越来越多的观众来观看足球比赛，从而使足球运动更具有生命力。

足球竞赛规则不可能包罗万象，也无法对比赛中出现的每种情况一一作出规定，在裁判工作中对于规则没有明确规定的一些情况，应根据上述的基本精神作出解释与处理。

足球竞赛规则简析

一、比赛场地

1. 球场

球场边线长度不得大于120米或小于90米，球门线的长度不得大于90米或小于45米，在任何情况下，球场边线的长度必须大于球门线的长度。国际足联规定世界杯决赛场地为长105米、宽68米。球场地面必须平坦，硬度合适，以不伤害运动员和不影响球的正常运行为原则。

2. 界线

球场各线须与地面齐平，不得做成“V”形凹槽或高出地面的凸线，线的颜色须清晰，可用熟石灰粉画线。正式比赛时，场地各线宽度不超过12厘米，边线与球门线的宽度应包括在场地面积之内，其他各线亦包括在该区面积之内。球门区和罚球区的丈量都应从球门柱内沿和球门线外沿量起。球门线的宽度必须与球门柱的宽度相等。

3. 边线与球门线

边线与球门线构成了足球场的面积，比赛开始未经裁判员允许，队员不得擅自出场或进场。当球的整体从地面或空中越过边线或球门线时即为球出界，成死球，分别由掷界外球、踢球门球或踢角球恢复比赛。

4. 中线

中线将全场划分为两个相等的半场，中线的宽度属于双方本半场面积的组成部分。开球时对方队员必须站在本半场内，在裁判员鸣哨后，当球被踢并向前移动时，比赛即为开始，队员方可进入对方半场。队员在本方半场无越位犯规。

5. 两门柱之间球门线

门柱间球门线是判断球是否进门的标志线，只有当球的整体从球门内的地面或空中越过球门线时方可算球进门。踢罚球点球时，球被踢出前，守门员必须留在球门线上。踢间接任意球时，球离对方球门线不足 9.15 米，允许守方队员站在球门线上。

6. 球门区

在比赛场地两端距球门柱内侧 5.5 米处的球门线上，向场内各画一条长 5.5 米与球门线垂直的线，一端与球门线相接，另一端画一条连接线与球门线平行，这三条线与球门线范围内的地区叫球门区。踢球门球或在本方球门区内获得罚任意球时，球可放在球门区内任何地点。当球在球门区内，裁判员令比赛停止，需要以坠球恢复比赛时，应在停止比赛时球所在地点最近的与球门线平行的球门区线上坠球。凡获得在对方球门区内踢间接任意球时，应在离犯规地点最近的与球门线平行的球门区线上执行。

7. 罚球区

在比赛场地两端距球门柱内侧 16.5 米处的球门线上，向场内各画一条长 16.5 米与球门线垂直的线，一端与球门线相接，另一端画一条连接线与球门线平行，这三条线与球门线范围内的地区叫罚球区。在本方罚球区内守门员可以用手触球。队员在本方罚球区内犯规，将被判罚球点球。踢球门球或在本方罚球区内踢任意球时应遵循以下几点：对方应退出罚球区（裁判员在执行此项规定时可根据有利条款处理）；踢任意球时对方须至少距球 9.15 米；必须把球直接踢出罚球区外的场内，比赛才为恢复。踢罚球点球，除主罚队员与守门员外，其他队员均应在该罚球区外的比赛场内，并至少距罚球点 9.15 米处的罚球点的后面。守门员在本方罚球区内以手控制球进入比赛状态后，须经其他队员触及后，方可再次用手触球。

8. 角球弧

以边线和球门线外沿交点为圆心，半径为 1 米，向场内各画一段四分之一的圆弧，这个弧内地区叫角球弧。当队员将球踢（触）出本方端线时，由对方在离球出球门线处较近的角球弧踢角球。踢角球时，球的整体必须放在角球弧内。

9. 罚球点

在两球门线中点垂直向场内量 11 米处各做一个清晰的标记，叫罚球点。踢罚球点球时，球必须放定在罚球点上。当罚球点模糊不清时，由裁判员确定罚球点的位置。

10. 开球点

中线的中点俗称开球点。开球时，球必须放定在该点上。

11. 中圈

以中线的中点为圆心，9.15 米为半径，画一个圆圈叫中圈。开球时，守方队员须站在本方半场的中圈外，这同罚任意球时，守方队员须站在 9.15 米以外的意义相同。

12. 罚球弧

以罚球点为圆心，9.15 米为半径，在罚球区外画一段弧线，叫罚球弧。踢罚球点球时，除主罚队员与守门员外，其他队员均须站在罚球区及罚球弧外，在球被踢动向前、比赛恢复时方可进入。

13. 角旗

角旗杆的高度不得低于 1.5 米，杆的顶端应圆平。角旗颜色应与助理裁判员用旗的颜色有明显区别。角旗可用 30 厘米 ×40 厘米的布或绸料制成。角旗垂直竖于边线与端线外沿的交点处，是判断球出边线与球门线的标志。

14. 中线旗

在中线两端边线外至少 1 米处，可各竖立一面与角旗相同但颜色不同的中线旗，作为中线的标志，有益于判断是否越位。

15. 球门

球门应设在球门线的中央，由两根内沿相距 7.32 米且与两边角旗点距离相等的直立门柱与一根下沿离地面 2.44 米的水平横木连接组成。无论是固定球门或可移动球门都必须稳定地固定在场地上。门柱及横木的宽度、厚度与球门线均应对称相等，不得超过 12 厘米。球门应为白色。运动员不得在横木上做悬垂动作，违者应予以警告。

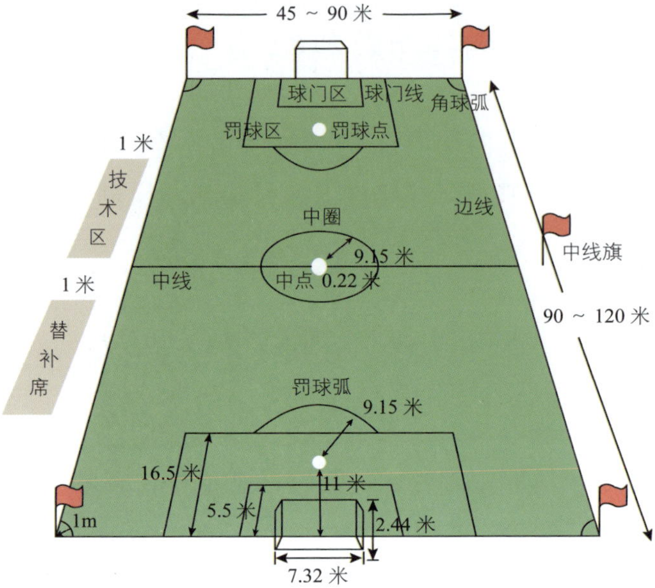

足球场地示意图

二、球

正式比赛所用球的颜色应与场地颜色有区别，夜间灯光场地比赛须用黑白色球。裁判员在比赛前应检查比赛用球。

球的圆周不得大于 70 厘米或小于 68 厘米，重量不得大于 450 克或小于 410 克。若场地泥泞，球被浸湿，球体过重，应及时换球。当球被踢出界外很远，取回须费较长时间时，可换球继续比赛。球的气压为 0.6 ~ 1.1 个大气压力。应考虑到场地的性质、硬度及地理位置等因素而适当掌握。

一场比赛由裁判员选择两个用球，一个作为备用球。为了增加实际比赛时间，国际足球理事会建议，在比赛中，至少需要 6 个预备球，两条边线处各 2 个球，两条球门线后面各 1 个球，由球童手持球随时将球交给场上队员。

三、队员人数

一场比赛每队上场队员不得多于 11 名。裁判员发现该队有 12 名队员在场上踢球时，应立即停止比赛，将不正当进入球场的替补员罚出场，并以坠球恢复比赛，赛后向主办机构作出书面报告。主办机构的处理原则是不得作出对犯规队有利的决定。每队上场队员中必须有一名守门员，裁判员不能同意某队愿意在没有守门员的情况下进行比赛的要求。

在比赛中，守门员可以与场上其他队员调换位置，但必须在死球时，并事先报告裁判员。若未事先报告，裁判员不应停止比赛，待死球时警告有关的两名队员。守门员与场上其他队员是否调换位置，以更换服装为标志。在中场休息时，各队调换守门员或替补其他队员，必须在下半时开始比赛前报告裁判员。正式比赛每场最多可以替补 3 名队员。在延长期内，如某队尚未换足替补数额，仍可进行替补。如以互踢点球决定胜负时，场上守门员受伤，可由规定数额以内的未换足的替补队员替补，除此以外，一律不得替补。凡队员未经裁判员允许，擅自进场或重新进场加入比赛，裁判员应停止比赛，警告该队员，并在比赛暂停时球的所在地点由对方罚间接任意球恢复比赛。执行这项规定时应根据有利条款，不使犯规队获益。

队员在比赛中不得擅自离场，否则视为不正当行为，应予以警告，重犯者罚令出场。如果某个被替补出场的队员拒绝出场，裁判员应指令其队长责令该队员立即出场，否则自裁判员宣布时起，停赛超过 5 分钟，即判该队为罢踢。如果将队员罚出场，应在该队员离场之后恢复比赛。不允许被罚出场的队员坐在替补席上。

四、队员装备

同队队员的服装（上衣、短裤和护袜）颜色必须一致，并与对方队有明显区别，上场队员必须戴有护腿板。守门员的服装颜色又必须与双方其他队员和裁判员有明显区别。队员服装穿戴应整齐，上衣放入短裤内。遇天气寒冷时，守门员可穿长裤、裤管须塞在护袜内。队员上衣背后、前胸和短裤前方（含守门员长裤前方）均应有号码，并须符合规程规定。号码颜色应与上衣、短裤颜色有显著区别。队长须戴袖标。如发现队员带有可能伤害其他队员的物品时，应令其摘掉，否则不得参加比赛。正式比赛应穿足球鞋。在比赛进行中，裁判员不允许个别队员脱掉足球鞋，以防队员受伤。裁判员在比赛前必须检查队员装备（尤其鞋钉）。比赛开始前，裁判员指令个别队员整理装备时，不能因此而延误开球时间。出场整理装备的队员，须待死球时，经裁判员检查许可后方能入场。若该队员擅自入场，凡因此而暂停比赛，则应警告该队员，并由对方在比赛暂停时球的所在地点罚间接任意球恢复比赛。

五、裁判员

裁判员自进入比赛场地时起行使其职权。在比赛开始前，裁判员只享有纪律处分（警告与罚出场）的权利，只有在比赛开始后才享有全权，即纪律处分与技术处分（罚任意球、罚球点球）的权利。在比赛暂停、成死球和中场休息时，如有队员、替补队员犯规，裁判员也有权判罚。裁判员所做的判决是最后的判决。

裁判员的职责之一是正确地执行比赛规则，对故意犯规要判罚。凡判罚犯规后，不必解释判决的理由。队员犯规，如果裁判员决定根据“有利条款”而不判罚，使比赛继续进行，而预期的“有利”没有在那一刻产生，那么，裁判员应对最初的犯规进行判罚。

裁判员要记录时间。这一职责不得交给助理裁判员或替补裁判员。助理裁判员的记时只起协助作用。为了使规定的比赛时间得到充分利用，要减少不必要的停顿；比赛暂停时间要尽量缩短，如受伤、换人、掷界外球、罚任意球等，恢复比赛尽量要快；因故损失的时间要补足。

裁判员要记录进球的时间、队员号码和被警告与罚出场的队员号码、时间、原因，便于赛后向主办机构作出书面报告。

遇到下列情况时，裁判员有权暂停、推迟或终止比赛：

- 开始比赛时或比赛进行中，某队不足 7 人时。
- 遇到意外事故的发生，如观众等问题，使比赛不能进行时。
- 场地条件或天气原因，裁判员认为不适宜比赛时。

赛后应向主办机构作出书面报告。比赛若因故停止，而后改期重赛时，尽可能在原场地举行，并由原裁判员担任裁判工作，比赛时间应为 90 分钟，竞赛规程另有规定者除外。

警告和罚出场既是纪律处分的办法，又是教育的手段。裁判员应当按照“自信心强、有根有据、掌握时机、合情合理”的精神准确地使用警告与罚出场。

裁判员要善于观察队员受伤的情况。若队员受伤严重或流血不止时，应立即停止比赛，用手势示意担架、医生（至多两人）入场，并尽快将受伤队员抬出场外，随即在比赛暂停时球的所在地点坠球恢复比赛。

审定比赛用球是裁判员的职责之一。比赛中，如果某队提出球不合规格时，裁判员应当考虑，至于是否调换，由裁判员决定。

裁判员只有在发现判罚不正确，或在助理裁判员的建议下，比赛未开始之前可以改变决定。

裁判员与助理裁判员应该相互信任与支持。在裁判员位置好、看得准的情况下，应该独立地作出判决。对于裁判员未能发现的情况，应依照助理裁判员提供的信号或征求助理裁判员意见作出处理。

六、助理裁判员

助理裁判员的职责（由裁判员决定）是用旗示意球出界，应由某队掷界外球、踢角球或球门球。示意越位及裁判员未看到的犯规和不正当行为。协助裁判员记录比赛时间、进球队员号码及被警告或罚出场队员的号码和犯规情况，用旗示向裁判员提示替补队员。

在协助裁判员按照比赛规则控制比赛时，助理裁判员可提供意见，但最终由裁判员决定。

助理裁判员要及时跑到适当的位置，看清楚球的整体是否越过球门线。但当裁判员示意进球有效，助理裁判员不得有任何表示并跑向中线。

助理裁判员所用旗子的颜色应鲜明易见，要与看台背景和队员上衣的颜色有明显区别。小旗的面积宜为 30 厘米 ×40 厘米，旗杆长 45 厘米，旗的用料不宜太软或太薄。

七、比赛时间

正式比赛时间每场为 90 分钟，分上、下两个半时，每半时为 45 分钟（竞赛规程对比赛时间另有规定除外）。除经裁判员同意外，两个半时之间的休息不得超过 15 分钟。比赛时间由裁判员掌握，如果上半时比赛结束，裁判员发现比赛时间少于规定时间，双方队员尚未离场，则应及时请双方队继续比赛，直到赛完所有时间为止。若球队拒绝重新比赛，或者队员已离场则应在赛后向主办机构作出书面报告。

每半场中因故损失的时间应补足。补多少时间由裁判员决定，一般对以下几种情况所损失的时间应补足：替补队员；处理受伤队员，或将受伤队员抬出场地接受治疗；故意延误比赛时间；因观众进入场地而暂停比赛；受天气影响而暂停比赛；球破裂或漏气需要更换新球等。

在踢任意球、球门球、角球，掷界外球，换人或者进球后队员围绕球场奔跑或长时间拥抱时，裁判员认为队员故意延误时间应给予警告。除踢罚球点球外，每半场时间终了，均要按时鸣哨结束比赛。若在比赛的最后几秒钟射门，球入门之后比赛时间终了，则进球有效，并应将球放在开球点上再鸣哨结束比赛。如比赛将要结束时判罚球点球，应延长比赛时间至罚完为止。为了防止计错比赛时间，裁判员必须注意以下几点：

- 随身携带两块表，以计时表为主，手表作参考。
- 与助理裁判员加强联系，比赛结束前助理裁判员应用信号提示。
- 凡发现计时表停了，可用手表计时，必要时可利用死球机会，与助理裁判员核对时间。

八、比赛开始

比赛开始前，裁判员应召集双方队长掷币，选中的一方有挑选上半场的场地权，另一方有开球权。开球时，球应放在中点上。比赛开始，不是以裁判员鸣哨为准，而是当球被踢并移动时。遇下列情况应重新开球：球未移动；比赛开始前，场上队员越过中线进入对方半场，或守方队员进入中圈。

裁判员鸣哨开球后、球踢出前，若队员越过中线、守方队员进入中圈，或者开球队员未将球踢出，裁判员对有关队员可先给予提醒，再犯时则予以警告。开球队员将球踢出而比赛开始后，在其他队员触球前开球队员不得再踢，否则应由对方在犯规地点罚间接任意球。开球队员可以直接将球踢进对方球门得分。足球比赛开始前，如有必要，可以由其他人员进行象征性的开球仪式，但在此之后，仍需按规则规定的方式重新开球。

九、比赛进行及死球

当球的整体在地面或空中全部越过了边线或球门线的外沿，才算球出界，球在空中出界又被风吹回场内，仍算球出界。

队员踢（触）球后，球又直接触场内裁判员、助理裁判员或门柱、角旗杆弹出场外，均按该队员踢球出界处理。

规则中没有明文规定的一些暂停比赛的情况，应在暂停比赛时球所在地点以坠球恢复比赛。如暂停比赛时球在球门区内，则应在暂停比赛时球所在地点最近的、与球门线平行的球门区线上执行坠球。暂停比赛情况如队员受重伤时、需要立即检查队员球鞋时、裁判员处理场内队员发生纠纷时。

裁判员坠球的方式：把球放在手掌上，单臂侧平举，与肩同高，撤手让球自然下落，球着地恢复比赛。坠球时遇到以下情况应重新坠球：球着地前队员触球、球着地前队员犯规、球着地后未经队员触及而出界。比赛中队员有犯规现象，在裁判员判罚前应继续比赛。

十、计胜方法

凡球的整体从门柱间及横木下越过球门线外沿的垂直面，而此前未违反竞赛规则，均为攻方胜一球。在球的整体越过两门柱间、横木下面球门线前裁判员发出了进球信号，又立即发觉其错误，该进球无效。应由裁判员在错误停止比赛时球所在地点以坠球恢复比赛（如停止比赛时，球在球门区内，则应在离球最近的与球门线平行的球门区线上执行）。在任何情况下，球进入球门前受外界干扰所阻止，不能判为胜一球。如这种情况发生在比赛中（执行罚球点球时除外），应暂停比赛，由裁判员在事故发生的地点以坠球恢复比赛。

十一、越位

构成越位的条件有：该队员在对方半场；该队员较球更接近对方球门线；在该队员与对方球门线之间，对方队员不足两人。上述三条中若缺少任何一条者，队员均不处于越位位置。队员处在与球平行的位置上，则该队员不处于越位位置，因为此时队员并未较球更接近于对方球门线。如果队员处在与对方最后第二名队员平行的位置上，该队员也不处于越位位置。

判断队员是否处于越位位置的时间是同队队员踢或触及球的一瞬间，而不是该队员接获球时。

当同队队员踢或触及球的一瞬间，队员处于越位位置，并且裁判员认为该队员正在干扰比赛或干扰对方，或利用越位位置获得利益，则应判罚越位。

裁判员认为，队员只是仅仅处在越位位置，该队员未参与到比赛之中，未从越位位置获得利益，则不判越位。

队员处在越位位置直接接得球门球、角球、界外球时不判该队员越位。

十二、犯规与不正当行为

足球比赛中，队员之间经常发生身体接触与碰撞。裁判员要根据规则识别和区分：合理动作与故意犯规、勇猛顽强与粗野动作、良好风格与不正当行为。裁判员必须对场上出现的严重犯规和暴力行为依据竞赛规则的有关条款进行严厉处罚。严重犯规是指队员在抢球的过程中对对方队员施加的故意的暴力性犯规行为。暴力行为是指比赛进行中或比赛成死球时队员目的不在球，而对对方队员施加的暴力性犯规行为。

在比赛进行中无论球在什么位置，如果防守队员在本方罚球区内违反下述十条中任何一条者，应被判罚点球。

- 踢或企图踢对方队员：踢球是比赛中重复最多的动作，在激烈对抗的情况下，往往发生踢人的现象，因此裁判员必须分清“有意”还是“无意”。企图踢是指已做出踢人动作，只是由于没有踢准或被踢者躲闪等原因而未触及人，对此仍应判罚直接任意球。
- 绊摔或企图绊摔对方队员：指队员故意用脚或腿勾绊对方下肢，或用身体的蹲伏动作绊摔对方，从而使对方失去平衡的犯规。
- 跳向对方队员：指队员跳起的目的不在球，而向对方进行冲撞或蹬踏的犯规。
- 冲撞对方队员：足球比赛快速、激烈，队员间避免不了身体接触，规则允许发生合理冲撞。所谓合理冲撞必须符合以下条件：冲撞的目的在于球；冲撞时球必须在双方控制范围内（一般指在2米范围内）；必须用肩至肘关节部位冲撞对方的相应部位，并且上臂不得扩张；力量应适当，不得猛烈或带有危险性。
- 打或企图打对方队员：打人是严重的犯规行为，应严厉处罚，罚令出场。至于在比赛中队员的手臂无意地碰触他人的动作，则不应判罚。
- 推对方队员：指队员故意用手或臂推对方队员的犯规。

· 触球前触及对方队员：为了得到对球的控制而抢截对方队员时，于触球前触及对方队员的犯规。

· 拉扯对方队员：指队员用手或臂故意拉扯对方队员，以达到阻碍对方队员自由行动的犯规。

· 向对方队员吐唾沫：应视为恶劣行为，应将该犯规队员罚令出场并由对方在犯规地点踢直接任意球。

· 故意手球：指队员故意用手或臂部携带、击或推球；或者队员蓄意用手或肩部扩大防守面积，以谋取利益，均属犯规。无意的球触手则不判罚。

队员违反下列四条中任何一条者应判罚间接任意球。

· 危险动作：指裁判员认为队员的动作具有危险性。危险动作与其他犯规动作不同。动作的目的是为了获得球或处理球，但动作的方式有可能伤害对方队员或自己。

· 阻挡对方队员：指队员目的不在踢球，球又不在其控制范围以内时，故意用身体阻挡对方队员行动的犯规。

· 阻挡对方守门员从其手中发球。守门员接住对方射门的球，在发球时对方队员故意阻挡，属犯规。

· 违反规则第十二章以前未提及的任何其他犯规，而停止比赛被警告或罚令出场。如队员在场内抽烟、队员在场内向记者吐唾沫等犯规。

如果守门员在本方罚球区内，犯有下列五条中任何一条者将由对方罚间接任意球。

· 当以手控制球时，在发球之前行走四步以上。守门员的“四步”可连续使用或分开使用，但均应累计计算。有时守门员快速跑动中跳起接球，落地后为了保持身体平衡而走了几步，则不计算在四步之内。

· 在发出球之后未经其他队员触及，再次用手触球。守门员用手控制球后，一旦将球置于地上或传出，即为进入比赛状态。只有当处于罚球区外的同队另一名队员或罚球区内外的对方队员触球之后，该守门员方可再次用手触球。控制球包括守门员有意地用手臂挡球，但不包括守门员扑救球时球意外地从守门员身上弹出。

· 用手触及同队队员故意踢来球。同队队员向外踢球，因技术失误将球明显踢偏，守门员用手触球，不应判罚守门员犯规，因为同队队员非故意将球踢给守门员。同队队员用头、胸、膝盖将球传给守门员，守门员可以用手触球。但是如果裁判员认为，队员在比赛中故意利用规则使本队获利（如队员故意把球挑起，用头、胸、大腿将球传给同队守门员），则将被认为是不正当行为。

- 用手触及同队队员直接掷入的界外球。
- 拖延时间。如果守门员手持球超过 6 秒，裁判员必须因其延误时间而判罚间接任意球。

队员犯有下列七条中任何一条者将被出示黄牌警告。

- 犯有非体育道德行为。例如，跳起用手拉球门横木；向观众做鬼脸、打手势等；胜一球后脱掉上衣；在场上抽烟。
- 以语言或行动表示异议。如判罚犯规后，队员鼓倒掌，提抗议及故意将球踢向远处等。
- 持续违反规则。
- 延误比赛重新开始，如踢球门球、角球、掷界外球时故意延误时间。
- 当以角球或任意球重新开始比赛时，不退出规定的距离。
- 未得到裁判员许可进入或重新进入比赛场地。
- 未得到裁判员许可故意离开比赛场地。但是在下列情况下，不应判为擅自离场：队员由于奔跑冲力过大跑出场外；队员在边线或球门线附近运球，从界外绕过对方后回到场内；球在场内边线或球门线附近，队员从线外助跑踢球。处在越位位置的队员，为了表明自己不参与比赛而临时跑出场外。

队员违反下列七条中任何一条者将被出示红牌罚令出场。

- 严重犯规。
- 暴力行为。
- 向对方或其他任何人吐唾沫。
- 用故意手球破坏对方的进球或明显的进球得分机会（不包括守门员在本方罚球区内）。
- 用可判为任意球或球点球的犯规破坏对方向本方球门移动着的明显的进球得分机会。
- 使用无礼、侮辱或辱骂性的语言。
- 在同一场比赛中得到第二次警告。

十三、任意球

凡判罚直接或间接任意球，必须具备下列四项基本条件：犯规队员是场上队员，队员违犯规则的有关规定，犯规地点是在比赛场地内（掷界外球时例外），犯规时间是在比赛进行中（执行罚球点球及掷界外球时例外）。

直接任意球可以直接踢入对方球门得分。如果直接踢入本方球门，将由对方踢角球。间接任意球直接踢入球门不得分，必须经场上其他队员触及后进入门内方可算胜一球。如果间接任意球直接踢入对方球门，由对方踢球门球。如果直接踢入本方球门，将由对方踢角球。

在本方罚球区内踢直接或间接任意球：对方队员距球至少 9.15 米；对方队员应站在罚球区外直到比赛恢复；当球直接踢出罚球区时比赛即为恢复，球未被直接踢出罚球区应重踢；可以在球门区内任何地点踢任意球。

在对方罚球区内踢间接任意球：所有对方队员距球至少 9.15 米直到比赛恢复，如果球距球门线不足 9.15 米时，允许对方队员站在球门线上；当球被踢并移动时比赛即为恢复；在对方球门区内踢间接任意球时，应在距犯规地点最近的、与球门线平行的球门区线上执行。

在罚球区外踢任意球时：对方队员距球至少 9.15 米，直到比赛恢复；当球被踢并移动时比赛即为恢复；在犯规发生地踢任意球。

踢任意球时，比赛一旦恢复，守方队员即不受至少距球 9.15 米的限制（或进入罚球区的限制）。在裁判员发出信号，比赛恢复前，守方队员非法侵入规定范围阻挡对方踢球，裁判员可按“有利条款”精神掌握，必要时可重踢任意球，并警告非法侵入者。如果主罚队员没有要求对方离开 9.15 米时，裁判员就不必非等到对方退出规定距离后才发出踢球信号。

十四、罚球点球

罚球点球是对犯规的一种严重处罚，裁判员务必判罚准确，只有当队员在比赛进行中，于本方罚球区内故意违犯相关的规则，方能判罚球点球。

在罚球区附近发生犯规，应看犯规动作的接触点。如人在罚球区内而犯规接触点在罚球区外，则应判罚直接任意球。罚球点球可以直接进球得分。

罚球点球时，球和队员的位置有以下几点要求：球放在罚球点上；明确主罚队员；守方守门员在球被踢出前，面对主罚队员，且留在两门柱间的门线上(可以左右沿线移动)；除主罚队员和守门员外，其他队员均应站在罚球区外的比赛场内，并至少距罚球点 9.15 米处的罚球点的后面。

主罚队员必须将球向前踢，若主罚队员作横、回传，均属比赛尚未恢复，应重踢。当球被踢向前移动时比赛即为开始。主罚队员在球踢出后未经其他队员触球前不得再次触球，否则为“连踢”犯规，由守方在犯规地点踢间接任意球。

当上半场或全场比赛终了而延长时间执行或重罚球点球时，在下列情况下应结束比赛。

- 球直接进门或出界。
- 球触门柱或横木进入球门。
- 球触守门员后进入球门。
- 球连续触及门柱、横木和守门员后进入球门。
- 球被守门员接住。
- 球触守门员、门柱或横木后，又被守门员截住。
- 球触门柱或横木弹回场内，而未进球。

执行罚球点球时，在裁判员鸣哨后、比赛恢复前，守方守门员违反比赛规则或守方其他队员过早侵入罚球区、或罚球弧、或在罚球点前时，罚球应继续进行，罚中有效，球未进应重罚。

执行罚球点球时，在裁判员鸣哨后、比赛恢复前，攻守双方队员违反比赛规则，无论球是否罚中，均应重罚。

执行罚球点球时，如果守门员拒绝守门，裁判员认为守门员是由于对判罚不满而拒绝守门，则应警告，经警告后仍拒不守门，可罚令出场。

如果比赛双方踢成平局，需要以互踢点球决定胜负时，有队员离开比赛场地，拒绝参加踢点球，裁判员应终止比赛，随后向主办机构作出书面报告。

十五、掷界外球

比赛中，当球的整体在地面或空中越过边线时即为球出界。应由出界前最后触球的对方队员在离球出界处的边线外 1 米范围内，将球掷入场内。防守队员不允许在掷球队员身前进行干扰。

掷球时，两脚可以平行站立或前后站立，脚可以踏在边线上或边线外。不允许队员跪在地上掷界外球。

掷球时，允许脚在地上滑动，但任何一脚不得全部离地。

掷界外球的方法：双手持球置于头的后方，面向场内，两手平均用力，从头后经头顶用一个完整的连贯动作将球掷入场内。

掷界外球时，以合法的动作故意掷击对方队员是犯规行为，应由对方在犯规接触点罚直接任意球。

掷界外球不能直接胜一球。如果直接掷入对方球门，由对方踢球门球。如直接掷入本方球门，由对方踢角球。球掷出并经其他队员触及而进入球门，应判胜一球。

如队员不在球出界处掷界外球，裁判员应判由对方在原球出界处掷界外球。

十六、球门球

球由地面或空中踢或触出对方球门线时，由对方在球门区内任何地点踢球门球恢复比赛，踢球门球可以直接得分。

踢球门球时，对方队员在球被踢出罚球区前应站在罚球区外。当球直接踢出罚球区进入场内时，比赛方为恢复。

踢球门球后，如球未被直接踢出罚球区或任何队员在罚球区内触及球，即未进入比赛，应令重踢。当队员将球踢出罚球区，比赛恢复后，未经场上其他队员触及，该队员再次触球，即为连踢犯规。

踢球门球时，队员不得故意延误比赛时间，否则应给予警告。

十七、角球

当队员踢或触球的整体在空中或地面从球门外越出本方球门线时，由对方队员将球的整体放定在离球出界处较近的角球弧内踢角球。

角球可以直接胜一球。

踢角球时，不得移动角旗杆，裁判员和助理裁判员发现队员移动角旗杆时应予制止。根据情节亦可予以警告。

踢角球时，在比赛恢复前，对方队员至少距球 9.15 米。双方队员不得站在球门网内或球门线外。

队员踢出的角球，如果球击中门柱或处于场内的裁判员而弹回时，该队员补射入门，应判连踢犯规，进球无效。

踢角球时，队员有权站在对方守门员前面，但不得故意阻挡对方守门员。裁判员对这类犯规行为应及时予以判罚。

第六章

小型足球概述

小型足球的定义与特点

随着我国社会经济的发展，人民生活水平的提高，全面健身运动日趋活跃，参与足球活动的人数不断增多。由于 11 人制足球活动受到场地、人数等因素的限制，小型足球已成为群众业余体育活动的重要组成部分。

一、定义

小型足球是相对于 11 人制足球而言的，即指在上场人数、比赛场地面积、比赛时间和比赛用球等方面都小于 11 人制足球的足球运动。目前比较流行的小型足球有 7 人制、6 人制、5 人制、4 人制及 3 人制足球。

二、特点

1. 竞技性

各项小型足球比赛虽然上场人数不同，但都是分两队在同一场地进行对抗的竞技运动，也是心理、智力、技术、战术、体能诸方面的比拼，最终以哪个队的进球多者为胜，具有鲜明的竞技性。

2. 群众性

参与小型足球运动者的范围广，职业或非职业球员、男女老少等皆可，具有广泛的群众性。

3. 易行性

小型足球竞赛规则简单明了，器材设备要求不高，比赛时间、参赛人数、场地大小不受严格限制，便于因地制宜、因陋就简地开展，是全民健身中十分易于推广的体育运动项目。

4. 娱乐性

小型足球比赛形式多样，可以满足不同人群的需要，在以战胜对手为目标的运动实践中，既强身健体，又陶冶情操，获得乐趣，起到了促进身心健康的积极作用。

5. 观赏性

小型足球同样具有技术多样，战术丰富，变幻多端，胜负难测的特点，一般在射门进球数上会成倍于 11 人制足球比赛，所以具有较强的观赏性。

小型足球的技战术特点

一、技术特点

小型足球比赛空间小，队员触球次数多、时间长。对队员技术掌握的熟练程度要求较高，完成技术动作连贯而迅速，具有较强的隐蔽性。

以脚内侧为主的短传多。脚内侧踢球因脚与球的接触面积大，使得出球平稳、准确。由于小型足球比赛场地小，运动员之间的密度大、间距小，所以传接球配合以脚内侧传地滚球为主。其次是运用外脚背传球，这种踢球方法因摆动腿踢球幅度小，出球方向变化多，隐蔽性较强。

射门频繁，进球数多。由于小型足球比赛场地小，有效射门区域大，队员一旦控球，只要有针对球门的“通道”就可以射门，因此，比赛中射门机会多，进球多。根据调查，一场小型足球比赛双方的射门次数均在 20 次以上，平均每场进球数是 11 人制足球比赛的一倍以上。

较多地出现一对一的局面，个人带球突破威胁大。个人带球突破是打破攻守人数上的平衡，创造以多打少，传切配合，进行射门的锐利武器。在小型足球比赛中，由于有效射门区域大，突破一点即可射门，个人突破在比赛中运用较多，而且威胁甚大。

技术的即兴发挥。小型足球比赛空间小，队员多采用贴身的紧逼防守，比赛中短兵相接，场上瞬息万变的环境和突发情况时有发生，队员经常采用应急手段，打破原有的技术动作结构，达到出奇制胜的目的。例如，在对方紧逼的情况下，队员利用挑球或使用脚底、脚跟、脚尖进行传球和射门，队员在比赛中的即兴发挥，增加了小型足球比赛的观赏性。

二、战术特点

队员位置的机械分工消失，整体运用全攻全守的打法。小型足球比赛中，场上队员虽有前锋与后卫之分，但没有机械分工，在比赛中，队员要根据场上的形势、攻守的需要使队员不断变换职能，如进攻时后卫队员可快速插上成为攻击手，前锋队员也可立即回防成为后卫，比赛时，队员的位置始终处在不断变化的过程中。另外，小型足球比赛场地小、人数少，如 3 人制、4 人制、5 人制、6 人制足球比赛中，换人次数不受限制，队员下场后可再次上场，使场上队员能始终保持充沛的体力。因此，小型足球比赛更有条件采用全攻全守的战术打法。

比赛中攻守转换节奏快。比赛中双方队员及本队队员之间的相互距离较近，双方常处在短兵相接的拼抢状态，由攻转守和由守转攻的次数多、频率快。

战术灵活多变。小型足球比赛场地小，人数少，教练员或场上核心队员容易对球队的整体进行控制，根据比赛的要求，快速、灵活地调整战术，并可以随时改变比赛阵形。

战术打法主要以个人和小组配合为主。在进攻过程中，个人带球突破是造成局部优势，形成射门机会的主要方法，小组战术以传切配合为主，中短距离的一传一切是小型足球比赛中运用最多的战术打法。防守上，以人盯人防守为主，结合区域防守，队员之间不断地进行保护和补位。

定位球进攻威胁大。比赛场地小，射门距离近，利用定位球战术射门是小型足球比赛重要得分手段之一。

小型足球比赛阵形多样化，7 人制阵形以 3–3 式为基础进行多种变化，6 人制阵形以 2–1–2 式为基础的多种变化，5 人制阵形以 2–2 式或 3–1 式为主，4 人制阵形以 2–1 式为主，3 人制阵形以 1–2 式或 2–1 式为主。

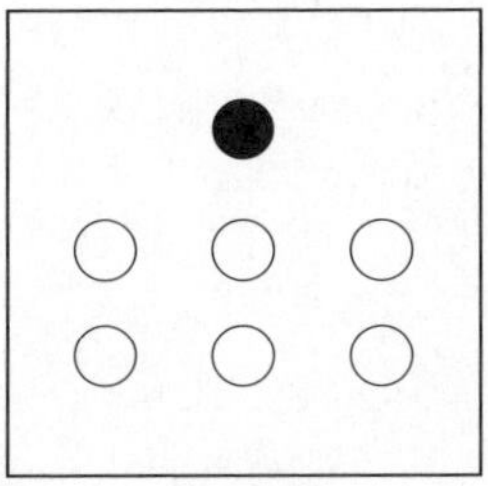
3-3 式

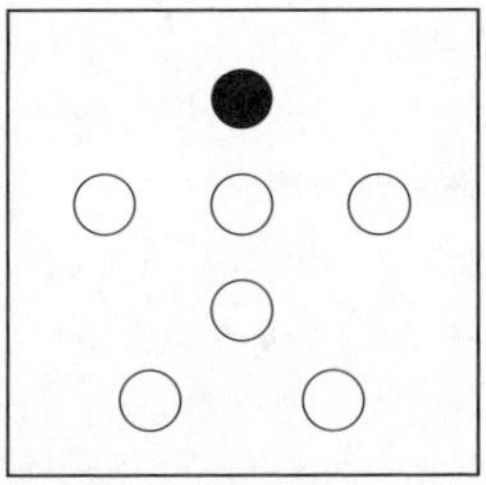
3-1-2 式

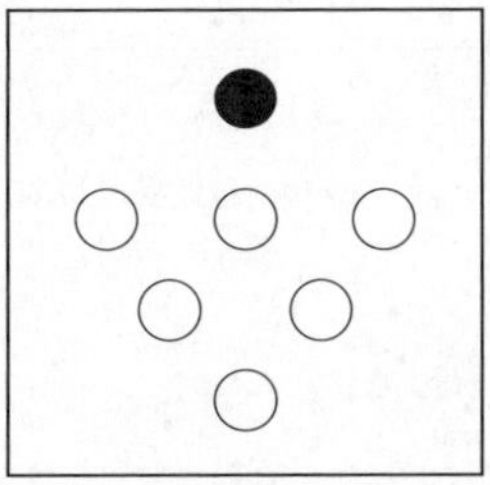
3-2-1 式

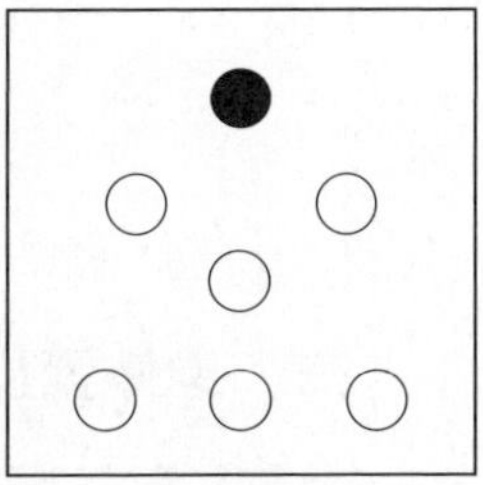
2-1-3 式

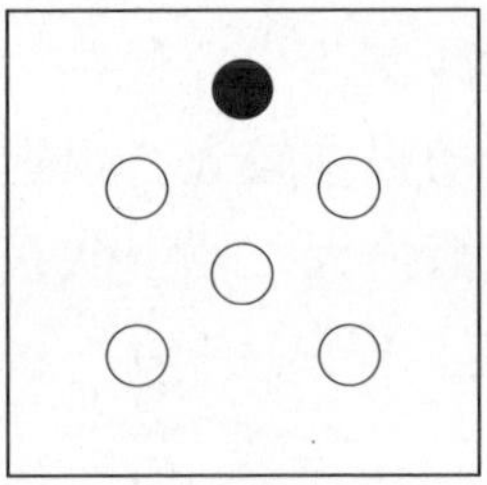
2-1-2 式

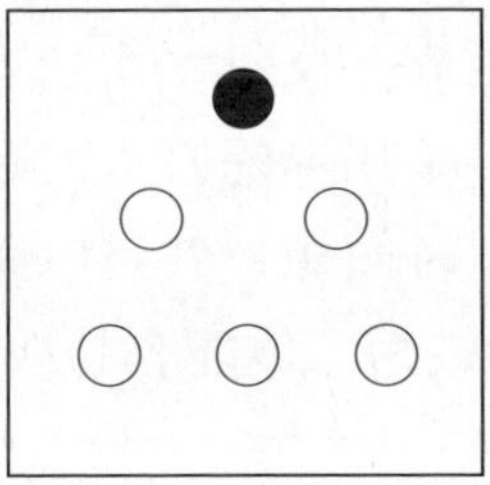
2-3 式

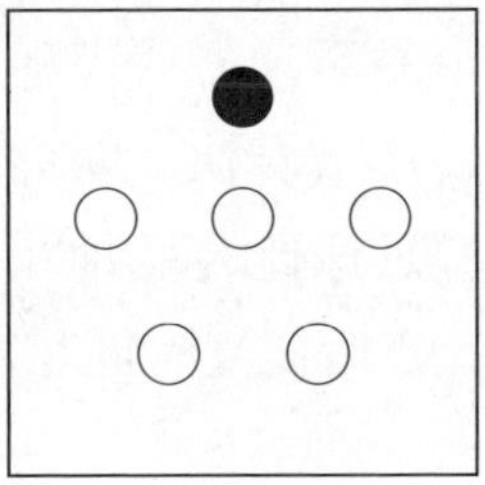
3-2 式

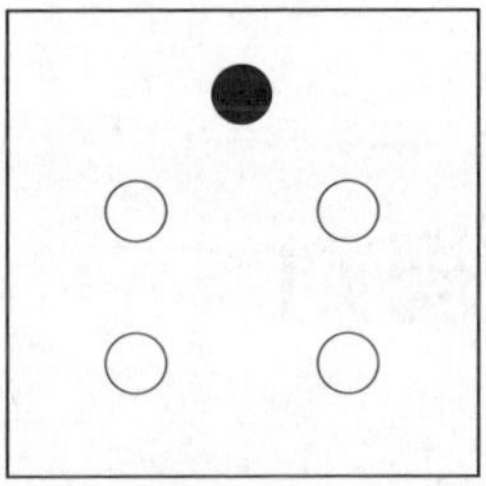
2-2 式

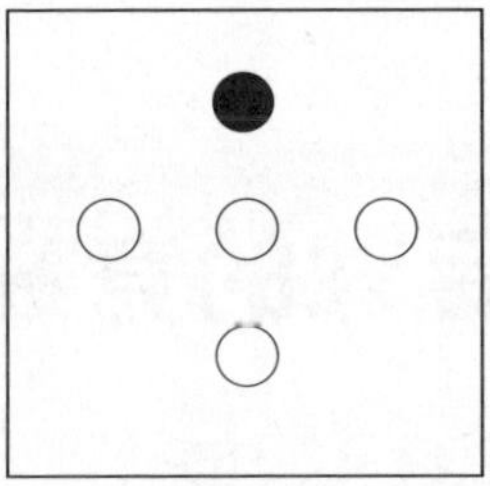
3-1 式

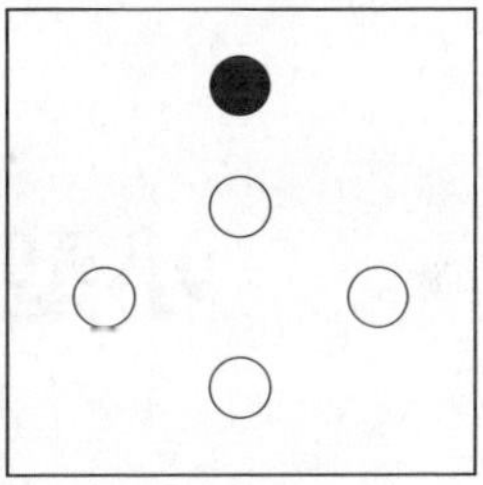
1-2-1 式

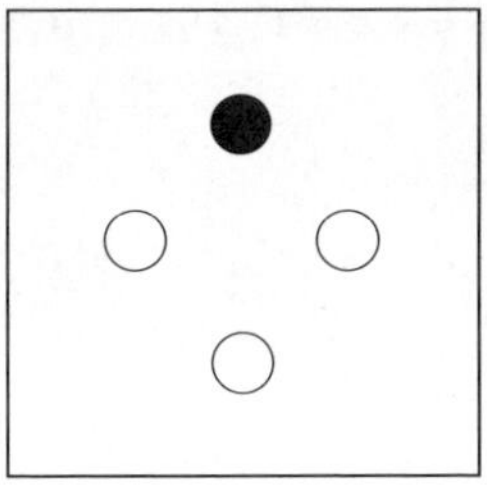
2-1 式

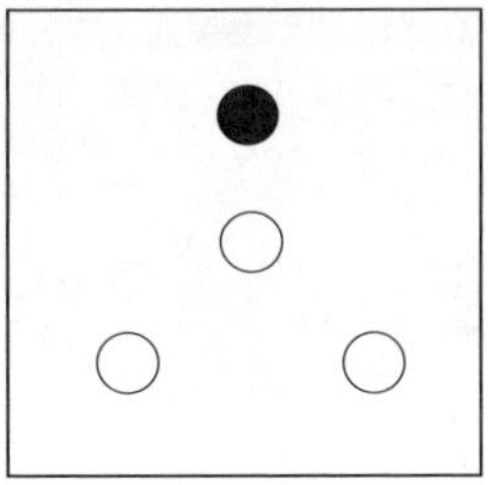
1-2 式

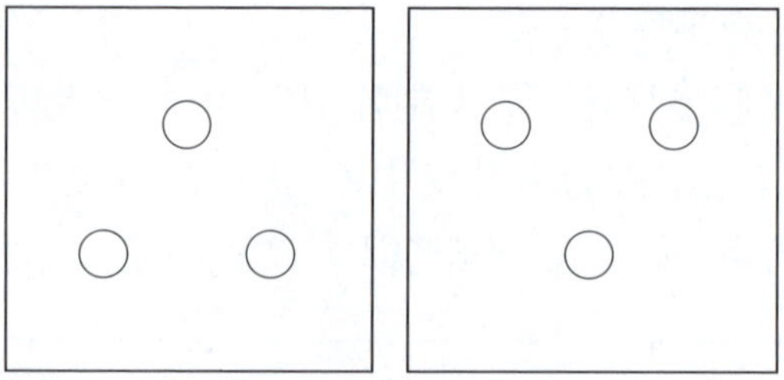

1-2 式　　2-1 式

小型足球比赛阵形示意图

三、身体素质特点

小型足球比赛的供能方式是以无氧供能为主，对速度素质要求较高。队员在比赛中的活动方式以短距离、反复多次快速冲刺为主，慢跑为辅。小型足球攻防转换节奏快，防守多采用紧逼盯人，运动强度较大，但运动量相对较小。小型足球比赛场地小，时间短，并可以频繁换人，场上队员能保持充沛的体力，赛后恢复时间相对较短，体能容易恢复。

小型足球的竞赛规则

一、5 人制足球

1. 比赛场地

场地必须为长方形，长度为 25 ~ 42 米，宽度为 15 ~ 25 米。国际比赛场地长度为 38 ~ 42 米，宽度为 18 ~ 22 米。球门高度为 2 米，宽度为 3 米，各线宽度和球门柱及横梁的宽度或厚度为 8 厘米。第二罚球点离球门线中点 10 米，并与球门线垂直的标记点。罚球区由两门柱内侧为圆心，以 6 米为半径画 1/4 圆与球门线相接成直角，两弧线的上部与一段长 3.16 米的直线相接，此直线与球门线平行，此弧线内的地区为罚球区。从两球门柱之间的中点，垂直于球门线向场内量 6 米设置一个罚球点，该罚球点应在罚球区线上。角球弧是在比赛场地内，以距每个角 25 厘米为半径画一个 1/4 圆。换人区设在两个替补席的前面，长 5 米，由两条 80 厘米长，8 厘米宽的直线限定，并与边线垂直相交，场内外各 40 厘米；两个换人区靠近中线一端的直线与中线相距为 5 米。

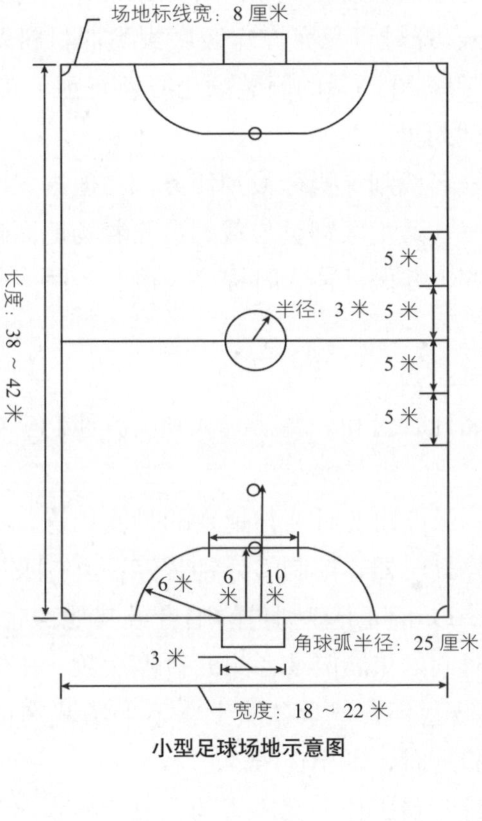

小型足球场地示意图

2. 球

球圆周为 62 ~ 64 厘米，重量为 400 ~ 440 克，海平面气压为 0.4 ~ 0.6 个大气压。

3. 队员人数

每队上场队员不得超过 5 人，其中必须有一名守门员。某队场上队员少于

3 名时，则终止比赛。替补队员不得超过 7 人，比赛中可以随时替换场上队员，被替换下场的队员可以再次作为替补队员参加同场比赛，换人时队员必须在换人区进出场地，先下后上。

换人时，如替补队员在被替补队员还未完全离场之前就进入比赛场地，应停止比赛，示意被替换下场的队员离场，并警告上场队员；如替补队员或被替补队员未由规定的换人区入场或离场，则停止比赛，警告违规队员。上述两种情况均由对方在停止比赛时球所在的地点踢间接任意球恢复比赛；如暂停时球在罚球区内，则在距停止比赛时球所在地点最近的罚球区线上踢出。

4. 队员装备

队员必需穿着运动衣或运动衫、短裤（如穿紧身内裤，须与短裤的主色同颜色）、护袜、护腿板、球鞋（只允许穿胶底或类似材料做成的帆布鞋、软皮面训练鞋或体操鞋）。每名守门员的服装颜色必须有别于其他队员和裁判员。

5. 裁判员和第二裁判员

每场比赛须委派一名裁判员执行裁判任务，当他进入比赛场地，即开始行使规则所赋予他的职权。第二裁判员与裁判员隔着场地面对面执行任务，协助裁判员执法和控制比赛，并保证换人时程序正确。当两人判罚不一致时，须以裁判员的判罚为准。

6. 计时员和第三裁判员

比赛时应委派一名计时员和一名第三裁判员。他们坐在换人区同侧靠近中线的场外。

计时员的职责为：保证比赛时间与规定的时间相符。在比赛开始后开动计时器；比赛停止时暂停计时器；控制 1 分钟暂停；当有队员被罚令出场时，负责罚停 2 分钟的计时；以不同于裁判员的哨音或其他声音信号，示意上半场、全场、加时赛及暂停时间结束；记录各队的暂停次数；在任何一队教练员要求暂停时，示意准许比赛暂停；记录各队上、下半场裁判员已登记的前五次犯规，及在某队第五次犯规时，发出信号。

第三裁判员协助计时员工作，其职责为：记录各队上下半场裁判员已登记的前五次犯规，及在某队第五次犯规时，发出信号；记录比赛中的停止情况及原因；记录进球队员；记录被警告或罚令出场队员的号码；提供其他有关比赛的情况；如果场上裁判员出现受伤时，第三裁判员可代替行使裁判员或第二裁判员的职责。

7. 比赛时间

比赛分为上、下两个半场，每半场净比赛时间为 20 分钟，中场休息不超过 15 分钟。

球队可在每个半场向第三裁判员申请 1 分钟暂停，暂停须在比赛成死球或本方控制球时，双方队员此间不得离场，教练员不得入场指导。

8. 比赛开始

双方球队通过掷币方式选择场地，赢得选择权的队决定上半场比赛的进攻方向，另一队开球开始比赛。开球可以直接进球得分。

9. 比赛进行及死球

以下情况比赛成死球：球的整体从空中或地面越过球门线或边线时；当比赛被裁判员停止时；如在室内比赛，当球击打到天花板或顶棚时。其他所有时间，比赛都应视为进行中。

10. 犯规与不正当行为

（1）判罚直接任意球：如裁判员认为，队员草率地、鲁莽地或使用过分的力量违反下列六种犯规中的任何一种，将判给对方踢直接任意球。

- 踢或企图踢对方队员；
- 绊摔或企图绊摔对方队员；
- 跳向对方队员；
- 冲撞对方队员，即使用肩部也不允许；
- 打或企图打对方队员；
- 推对方队员。

如果队员违反下列任何犯规，也可判给对方踢直接任意球。

- 扯对方队员；
- 向对方队员吐唾沫；
- 当对方队员踢或正欲踢球时，对其进行铲球（铲球拦截）。守门员在本方罚球区除外。
- 故意手球（守门员在本方罚球区内除外）。

（2）罚球点球：在比赛中，无论球在什么位置，如果队员在本方罚球区内违反了上述犯规的任何一种，应被判罚球点球。

（3）判罚间接任意球：

- 守门员犯规：①将球发出后，球未过中线或未经对方队员踢或触及再接得同队队员的回传；②以手触及或控制同队队员故意踢给他的球；③在场内的任何区域（对方半场除外），以手或脚去触及或控制球超过 4 秒。

• 队员犯规：①动作具有危险性；②队员不去踢球而故意阻挡对方；③阻止对方守门员将球从手中发出；④违反了以上未提及的任何犯规，裁判员因此需暂停比赛，对犯规队员进行警告或罚令出场。

上述犯规判由对方在犯规地点踢间接任意球，如犯规地点在罚球区内，则在犯规地点最近的罚球区线上踢出。

（4）可警告的犯规：如果队员违反下列犯规的任何一种，将被警告并出示黄牌：

• 犯有非体育行为；

• 用语言或行动表示异议；

• 持续违反规则；

• 延误比赛重新开始；

• 当以角球、踢界外球、任意球或掷球门球恢复比赛时，不退出规定的距离；

• 未经裁判员许可而擅自入场或重新入场，或违反其他换人规定；

• 未经裁判员许可而擅自离场。

（5）罚令出场的犯规：如果队员违反下列犯规中的任何一种，将被出示红牌罚令出场。

• 严重犯规；

• 暴力行为；

• 向对方或其他人吐唾沫；

• 用故意手球破坏对方的进球或明显的进球得分机会；

• 用犯规破坏对方向本方球门进攻的明显进球得分机会，这种犯规可判为任意球或球点球；

• 使用无礼的、侮辱性的语言；

• 在同一场比赛中得到第二次警告。

队员一旦被罚令出场，不得重新参加该场比赛。该队可在队员被罚出场满 2 分钟后，经计时允许，补充队员入场。如在这 2 分钟内，其中一队有入球，则引用以下条款：如场上人数多的一队入球，则人数少的队可补充一名队员（5 对 4、5 对 3 或 4 对 3 等）；如场上两队人数相等，虽有入球，两队都不补充队员（4 对 4、3 对 3）；如场上人数较少的一队入球，则不补充队员。

11. 任意球

一方队员罚任意球时，对方队员必须至少距球 5 米。若主罚队员未能在 4 秒内将球踢出，由对方踢间接任意球。

12. 累计犯规

累计犯规是指应判直接任意球的犯规。每队上下半场累计的犯规应记录在比赛的总结报告中。

从任一队每半场的第六次犯规起，攻方罚球时：守方不可排人墙；必须明确主罚队员；守方队守门员须留在己方罚球区内且至少距球 5 米；其他队员应在假想平行线后边、罚球区外，且至少距球 5 米，不可阻挡主踢队员，在球未触及前，不可越过该假想平行线（与球相齐且平行于球门线的一条假想直线）。

对第六次累计犯规起罚球执行程序：必须直接射门而不能传给其他队员；任意球踢出后，只有球被守门员触及或从门柱、横梁弹回以及球出界后，其他队员才可触球；任意球不得在距离球门线不足 6 米处踢出；如果犯规地点在犯规方半场球门线和第二罚球点假想平行线之间区域，则对方可选择在犯规地点或第二罚球点踢任意球；如果犯规地点在对方半场或本方半场第二罚球点假想平行线与中线之间区域，则该任意球在犯规方的第二罚球点上踢出；如比赛需要进行加时赛，在下半场的累计犯规在加时赛中继续有效。

13. 罚球点球

罚球点球时，球必须放定在罚球点上，明确主罚队员。守门员应在本方两门柱之间的球门线上面对主罚队员，直至球被踢出。其他队员应处于比赛场内、罚球区外、罚球点后或两侧、距罚球点至少 5 米。

14. 踢界外球

球必须放在球越出边线处的边线上，可踢向场内任何方向，踢界外球不能直接得分。主踢队员任何一只脚的部分踏在边线上或边线外的地上，在球被踢出前守方队员至少距球 5 米。主罚队员连踢犯规，由对方罚间接任意球。

若发生下列情况，则由对方重踢界外球：

- 不按规定方法踢出；
- 不在球出界处踢球；
- 控球后未能在 4 秒内将球踢出；

- 其他任何违反规则的行为。

15. 掷球门球

由守门员从罚球区内的任何一点将球掷出，球出罚球区比赛即为开始，如球未掷出罚球区，应重掷。对方队员应在罚球区外直至比赛进行。掷球门球不能直接得分。

16. 角球

踢角球时，应将球放定在离球出界处最近的角球弧内，对方应距球至少 5 米，角球可直接射门得分。

如发生下列情况，由对方踢间接任意球：

- 比赛进行后，主罚队员在其他队员触球前再次触球，由对方在犯规地点踢间接任意球；
- 主罚队员在控球后，未能在 4 秒内将球踢出，则由对方在角球弧踢间接任意球。

17. 点球决胜负

点球决胜负是根据竞赛规程的要求，当比赛打平后需要决出胜队时采用的一种决胜方法。

点球决胜的程序：

- 点球的队员名单及号码由队长在踢点球前报给裁判员，且队员必须是已在赛前提交的队员之列；
- 当正常比赛结束，点球决胜前，双方队的合法人数应该相等；
- 每队轮流各踢 5 次，进球多得队获胜；
- 如果两队均已踢满 5 次，双方进球数相同，从第 6 名队员开始一对一罚球，直至双方踢球次数相同，而一队较另一队多进一球为止；
- 在点球过程中，符合资格的队员可以与守门员交换位置。

二、7 人制足球

1. 比赛场地

场地长度为 50 ～ 80 米，宽度为 35 ～ 55 米，比赛场地必须是长方形。正式比赛场地长度为 64 ～ 75 米，宽度为 50 ～ 55 米。球门高度为 2 米，宽度为 5.5 米。其他各线的宽度和球门柱及横梁的宽度或厚度不得超过 10 厘米。从每个球门柱内侧 4.5 米处，画两条垂直于球门线的线，这些线伸向比赛场地内 4.5 米，与一条平行于球门线的线连接。这些线和球门线组成的区域范围是球门区。从距离每个球门柱内侧 11.5 米处，画两条垂直于球门线的线，这些线伸向比赛场地内 11.5 米，与一条平行于球门线的线连接。这些线和球门线组成的区域范围是罚球区。从两球门柱之间的中点，垂直于球门线向场内量 9 米设置一个罚球点。角球弧是指在比赛场地内，以距每个角 0.5 厘米为半径画一个 1/4 圆。罚球弧是指以罚球点为圆心，6 米为半径，在罚球区线画一个弧。中圈是指以开球点为圆心，6 米为半径，画一个圆。

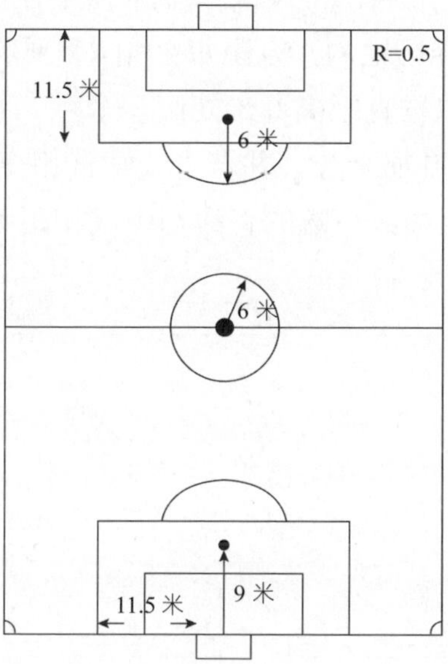

7 人制足球场地示意图

2. 球

国际标准 4 号球。

3. 队员人数

每队上场比赛队员不得多于 7 名，其中必须包含一名守门员。当任何一队少于 5 名队员，则不能进行比赛。

4. 比赛时间

比赛分上下两个半场，每半场各 30 分钟，中场休息不超过 15 分钟。

5. 点球决胜负办法

每队派 3 名队员依次轮转踢球，若决出胜负则比赛结束。如果前 3 名队员踢成平局，则各队继续派第 4 名队员追加踢球，依次 1 对 1，直到分出胜负为止。

6. 其他规则

其他规则与 11 人制竞赛规则一致。

三、4 人制足球

1. 比赛场地

比赛场地长度为 25 ～ 30 米，宽度为 15 ～ 20 米。球门：高度为 2 米，宽度为 3 米。罚球区以球门的中点为圆心，6 米为半径向场内画 1/2 圆与球门线相连。角球弧是指在比赛场地内，以距每个角 25 厘米为半径画一个 1/4 圆。6 米罚球点是指与球门中点垂直距离 6 米处画一个点。换人区设在两个替补席的前面，长 3 米，由两条 80 厘米长，并与边线垂直相交，场内外各 40 厘米的直线限定；两个换人区靠近中线一端的直线与中线相距为 3 米。

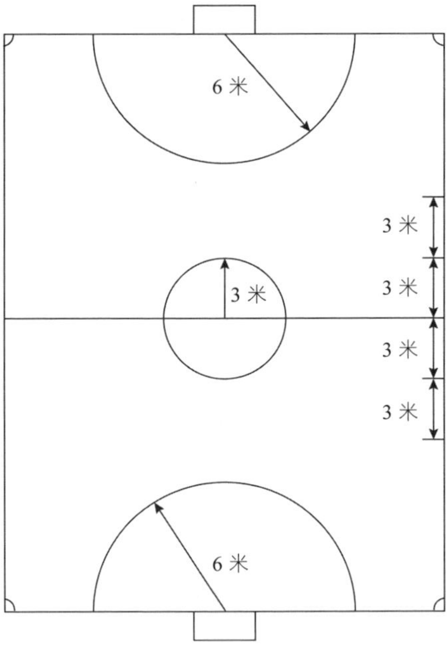

4 人制足球场地示意图

2. 球

国际标准 4 号球。

3. 队员人数

每队上场队员不得超过 4 人，其中必须有一名守门员。某队场上队员少于 2 名时，则终止比赛。替补队员不得超过 4 人，替补办法与 5 人制相同。

4. 比赛时间

比赛分为上、下两个半场，每半场比赛时间为 25 分钟，中场休息不超过 10 分钟。

5.6 米罚球

比赛中，无论球在什么位置，如果队员在本方罚球区内违反可判直接任意球的任何一种犯规，应被判罚 6 米球。罚球时主罚队员前支撑脚不能移动（即不能助跑）。

6. 裁判员

设裁判员、第二裁判员各 1 名执行任务，场下设记录员 1 名。职责与 5 人制比赛相同。

7. 任意球、角球和踢界外球

队员踢以上定位球时，对方队员必须至少离球 3 米。踢球队员控球后 4 秒内将球踢出，否则判对方踢球。

8. 其他规则

其他规则与 5 人制竞赛规则类同，但无累计犯规。

四、3 人制足球

1. 比赛场地

场地长度为 24 ～ 26 米，宽度为 12 ～ 14 米，球场中圈半径为 3 米。球门在两球门线中央，宽为 1.2 米，高为 0.6 米。球门区以球门中点为圆心，2 米为半径向场内画一个圆弧。角球弧是指在比赛场地内，以距每个角 25 厘米为半径画一个 1/4 圆。

2. 球

国际标准 4 号球。

3. 队员人数

每场比赛人数不多于 3 人，无守门员。某队场上队员不足 2 人时，比赛不能进行，列入上场队员名单的替补人数不超过 2 人。

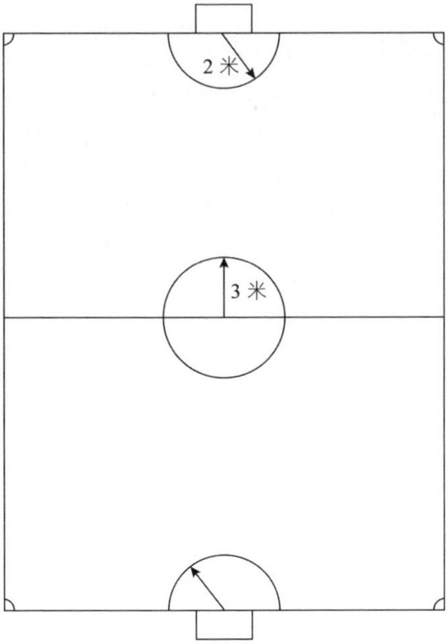

3 人制足球场地示意图

每队替补次数不限，且替换时不需要成死球。替补队员只有在被替补队员从靠近替补席一侧的中场区域边线完全离开比赛场地，方能进场参加比赛。

当场上队员因犯规被裁判员出示红牌而罚令出场，记录员应从该队员离开比赛场地起计时，2 分钟后该队可由一名替补队员上场比赛。被红牌罚出场的队员在本场比赛中不能继续上场比赛。如果在两分钟内其中一队入球，则可以引用以下条款：

- 场上人数多的一队入球，人数少的队可补充 1 名队员。
- 场上两队人数相等，虽有入球，两队均不能补充队员。
- 场上人数较少的一队入球，则不能补充队员。

4. 队员装备

运动员必须穿布面胶鞋，不得穿戴任何有可能危及其他队员的物件。

5. 比赛时间

比赛时间为上、下半场各 15 分钟，无中场休息时间。

6. 球门区

在比赛进行时，攻守队员均不得其内（垂直空间）。如果一方无受迫害性进入本方球门区内，则由对方在中点发球点球；如果一方进入对方球门区，则由对方在离球门区最近的球门线上发间接任意球。

7. 裁判员

每场比赛设裁判员和记录员各 1 名。裁判员可以在场外或场内进行执法。记录员负责记录场外的替补等情况。

8. 球点球

球点球应在中点上踢出，越过球门柱之间的球门线为胜一球；如果球在运行中击中球门横梁、立柱弹回场内，则由对方在球触及横梁、立柱最近的球门区以外的球门线上踢间接任意球恢复比赛。

9. 胜一球

在球越过中线进入对方半场后的射门得分才有效。

10. 球门球

当球的整体从地面或空中越过球门以外的球门线，而最后触球者为进攻队员，应由守方在本方球门以外的球门线上踢球门球恢复比赛。当球被踢出后，比赛即为开始。

球门球不能直接射门得分。

11. 任意球、角球和踢界外球

队员踢以上定位球时，对方队员必须至少离球 3 米。踢球队员控球后 4 秒内将球踢出，否则判对方踢球。

12. 其他规则

其他规则与 5 人制足球比赛规则类同，但无累计犯规。

五、6 人制足球

1. 比赛场地

比赛场地长 40 ~ 55 米，宽 25 ~ 35 米；球门高 2 米，宽 3 米。罚球区以球门中点为圆心，7.5 米为半径向场内画一个半圆。距球门中点 7.5 米处各画一个罚球点标记。角球弧是指在比赛场地内，以距每个角 25 厘米为半径画一个 1/4 圆。换人区与 5 人制相同。

2. 球

国际标准 5 号球。

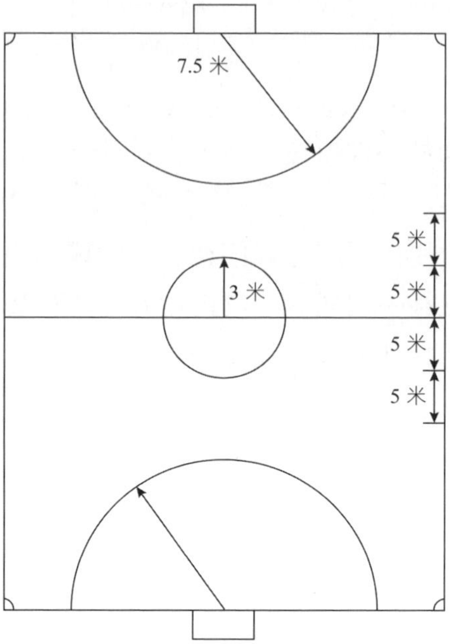

6 人制足球场地示意图

3. 队员人数

每队上场队员不得超过 6 人，其中必须有 1 名守门员。某队队员少于 4 人时，则终止比赛。比赛的规则中可允许采用机动换人，机动换人的次数不限，被替换下场的队员可作为其他队员的替补队员再次回到场上参加比赛。

4. 比赛时间

比赛分为时间相等的两个半场，每个半场的时间为 30 分钟。

5. 罚球点球决胜

如比赛采取淘汰制，规定时间内打成平局，则以互罚球点球决胜，每方应轮流先罚 5 个点球，如果不能决定胜负，从第 6 名开始一对一罚球，直至决出胜负。

6. 其他规则

其他规则与 5 人制足球比赛规则类同，但无累计犯规。

第七章 足球运动的健康保护

常见足球损伤的预防和处理

一、踝关节扭伤

踝关节扭伤分为内翻和外翻两种，外翻更加严重一些。具体的检查方法有：观察其红肿程度；能否做屈伸踝动作；内、外翻韧带松不松；叩击足跟底部痛不痛等。一般单纯性关节扭伤，是关节一周痛，肿在关节缝内，能做屈伸和内、外翻动作。跟腓前韧带损伤，大多是内翻式扭伤，外踝上部肿胀，局部压痛，做内翻重复动作时最痛；跟腓后韧带损伤，外踝下部肿胀、压痛，做内翻动作时，如足背第5跖骨基底部疼、局部肿胀、压痛，足前掌挤压痛，需照X线片，除第5跖骨基底部骨折外，踝屈伸动作如果受限，还需考虑小关节脱臼的可能。如无骨折，只是关节囊、韧带损伤，就在患处喷冻剂或冷敷，再加压包扎固定。如是内翻式扭伤，绷带要从外部向上包裹，如囊、韧带损伤，需外敷消肿止痛，高抬患肢。3天后开始深蹲、踝部按摩，促进囊内积液吸收。

二、下肢顶撞或踢挫伤

轻度受伤者，局部皮肤微肿、疼痛不严重，稍加冷敷即可继续上场。重则皮下出血，红肿部位大，或隆起大包、手触即痛，这时需用上述喷雾剂加包扎处理。伤在大、小腿处的，可外加护套。不可热敷或热水浸泡，以防血管扩张，加剧出血、肿胀，不利于迅速恢复。挫伤是皮下小血管、软组织损伤，肌肉纤维没有明显断裂者，可保持小量活动，不需要停训，有利于淤血肿胀的消散、吸收。

三、肌肉拉伤

当球员带球冲刺、射门、长传、接高球、急停、急转时，都可能发生大腿前后部肌肉、小腿三头肌的拉伤。一般根据伤情轻重及自我感觉进行处理。轻者喷点冷冻剂，戴上护腿又可上阵；中等受伤者，除喷剂外，加压包扎，加护腿，基本还能坚持比赛；伤重者行走困难，需抬出场地进行冷敷包扎，高抬患肢，停止比赛。肌肉拉伤后，除上述处理外，还可在痛点集中处，注射醋酸泼尼松龙注射液局部封闭。两天后配合按摩，或电脉冲按摩，以助肌纤维损伤早日恢复。

四、大、小腿抽筋

赛中或赛后大、小腿抽筋是常见现象，这是由于肌肉失去正常调节功能的一种强直性收缩反应。或因跑动过多，肌肉太累，突然冲刺；或因出汗太多，盐分丧失超量；或因天冷肌肉发僵，受突然动作的强刺激等。抽筋后，首先精神要放松，设法使抽筋的肌肉被动伸长，痉挛现象就会逐渐缓解。具体治疗方法为：平坐地上，伸直大、小腿，将足前掌上翘，休息几分钟就会好；严重抽筋则需要他人帮助扳腿，将大、小腿尽量伸直，再将足背上翘，静止不动 3 ~ 5 分钟一般可缓解，如还不行，可再重复伸脚、扳脚、点穴等动作。

五、足底、脚趾下起水泡

地硬、鞋紧等常使足前掌内、外侧或脚趾下出现水泡、血泡。先用碘酒、酒精消毒，再用注射用针头挑破水泡放水，用消毒棉球挤净，放一点消毒棉花在伤口处，帮助吸水、外贴胶布即可继续比赛。赛后还可以进一步用紫药水、四环素药膏处理，每次洗澡后更换敷料，三两天便恢复。

常见运动性疲劳的消除手段

休息是消除运动性疲劳最重要的、也是最有效的手段。只有休息得好才能锻炼得好。休息包括睡眠和活动性休息，睡眠是消除疲劳的最好方法之一；活动性休息是指在休息时进行其他活动，也叫积极性休息。当局部肌肉疲劳后，可利用未疲劳的肌肉进行一些适当活动，借以促进全身代谢过程，加速疲劳的恢复。当全身疲劳时，也可通过一些轻的、兴趣高的体力活动，来达到加速消除肌肉代谢的目的。

1、温水刺激

放松肌肉，安抚神经，温水浴的水温以 37 ～ 40℃为宜，淋浴时间为 10 ～ 15 分钟，最长不超过 20 分钟，每天不要超过 2 次。

2、按摩

按摩也是消除运动性疲劳的重要手段之一。按摩的方法多种多样，一般可采用手法按摩，进行全身或局部肢体的按摩；还可以采用机械按摩，目前国内外使用的有气压按摩、振动按摩和水力按摩等，对放松肌肉，消除肌肉酸痛和恢复体力有极佳的效果。